出会いなおしの教育

不登校をともに生きる

春日井敏之
近江兄弟社高等学校単位制課程
[編]

ミネルヴァ書房

はじめに

　2001年，近江兄弟社高等学校単位制課程が開設されました。私は，開設当初からいくらかのかかわりをもってきました。それは，2002年から継続してきた大学生が「ラーニングアシスタント（LA）」として単位制生徒への生活・学習支援に参加する取り組みや，2005年から継続してきた「事例検討会」へのスーパーバイザーとしての参加などです。「公開教育研究会」や「Jump in 単位制」（オープンキャンパス）で実施した卒業生などによるパネルディスカッションや保護者座談会などにも，コーディネーターとして参加してきました。

　事例検討会では，人間関係や学習で苦労している生徒のことを，何とかしてやりたいと悩みながら報告している担任や，自分なりの生徒へのかかわりや感じていることを率直に発言し合って生徒理解を深めようとしている教師たちの姿がありました。パネルディスカッションでは，単位制での友達や教師との出会いと学びのなかで，自分の不登校を意味づけながら，自分なりのペースと目標を模索し，人生の主人公になろうとしている生徒たちの姿がありました。

　保護者座談会では，子どもとのかかわり方を見なおし，子どもにどのように寄り添っていけばいいのか，悩みながら応援している保護者の姿がありました。ラーニングアシスタント（LA）では，生徒のために何ができるか思いあぐねながら，生徒ホールで「一緒に居る」ことからかかわり始めて，生徒とともに成長している大学生の姿がありました。さらには，専門性を生かしながら，生徒，保護者，教師を支援しようとしているスクールソーシャルワーカー（SSW）やスクールカウンセラー（SC）の姿がありました。

　このような支援者のなかで，多くの生徒たちが，3年間，4年間の単位制での出会いと学びを通して，人や社会とつながって生きるきっかけを得て，自分の生き方について考え，その先に進路選択をしていきました。なかには，単位制からの進路変更を選択していく生徒もいましたが，「ここはあなたの母校だよ」と教師たちはつながりながら見送りました。

私は，単位制の教師たちや多くのスタッフが，指導・支援することによって，逆にエネルギーをもらったり，励まされたりしている姿を見てきました。「助けることは，助けられること」「励ますことは，励まされること」なのです。こうして，双方向の人間関係が形成されていくのです。

　この13年間の実践の蓄積のなかで，そのことを実感した私たちは，「生徒たちから私たちは，学ばせてもらいました」といっているだけではなく，「卒業していった生徒たち，これから入学してくる生徒たち，その保護者のみなさん方に，学んだことを返していく責任があるのではないか」と考えました。同時に，「この生徒たちが，不登校という経験とそこからの成長を通して伝えたかったことを，たとえ不十分であったとしても，受け止めた私たちが社会的に発信していく必要と責任があるのではないか」と考えました。

　こうして，本書『出会いなおしの教育——不登校をともに生きる』が企画され，執筆，編集が行われていきました。私は，すべての原稿を何度も何度も読み返し，時には，注文もさせていただきました。それは，生徒たちの偽りのない思いや成長の姿を，執筆者が，自身の心と身体をくぐらせて，どのように言葉に託して伝えようとしているのかを問い続けたからでした。同時に，研究者の方々には，「単位制の実践から見える教育課題」について提言をお願いしました。

　私たちが，単位制の生徒たちから学ばせてもらったことが，果たして伝わる内容になっているのかどうかは，読者のみなさんに委ねたいと思います。

　なお，本書の出版に際し，ミネルヴァ書房編集部の西吉誠氏，編集スタッフのみなさん方には，企画の段階から編集，校正にいたるまでずいぶんと無理をお願いし，多大な尽力をいただきました。ここに，深く感謝申し上げます。

2013年8月

春日井敏之

出会いなおしの教育
―― 不登校をともに生きる ――

目　次

はじめに

第1章　近江兄弟社高校単位制課程で大切にしてきたこと …………1
第1節　単位制課程のスタート　3
　（1）忘れられない生徒　3
　（2）なくてはならない私学であり続けるために　3
　（3）「単位制課程」設立の準備　4
　（4）単位制課程スタート　7
　（5）単位制課程設立の初心　7

第2節　単位制課程の特色づくり　9
　（1）近江兄弟社高校の単位制とは　9
　（2）原点——私たちが大切にしてきたこと　11
　（3）ハイブリッドカリキュラム——特色ある柔軟な学び　12
　（4）海外研修旅行——挑戦することで成長する生徒たち　14
　（5）イヤーブック——1年毎の学校生活と生徒の成長　14
　（6）生徒ホール，超個室，自習室——生徒の声を生かした校舎づくり　16
　（7）卒業までの多様な道程——自分のペースで豊かに学ぶ　16

第3節　単位制課程における教育実践の意味　18
　（1）近江兄弟社高校単位制とのかかわり　18
　（2）単位制における教育実践——生徒にとっての意味　19
　（3）つながって生きる——「問う，聴く，語る」というかかわり　24

第2章　卒業生たちが学んでいったこと ………………………………27
第1節　「単位制」での出会いと学び
　　　　　　——第3回単位制課程公開教育研究会：パネルディスカッション　29
　（1）単位制の3年間は一生の宝物　31
　（2）現在の生活や学び，将来の希望　38
　（3）友達との出会い，先生との出会い　42
　（4）親と子の距離感——保護者の対応について　45
　（5）トラブルは成長のしるし——未熟さが出せてぶつかり合えて排除されない　50
　（6）出会いときっかけを与えてくれた近江兄弟社高校単位制　51

目　次

第2節　「単位制」での学びと成長
　　　　——Jump in 単位制：パネルディスカッション　53
　　（1）近江兄弟社高校単位制課程に来た理由　54
　　（2）単位制課程での高校生活について　58
　　（3）単位制課程での学習，行事について　64
　　（4）今考えている自分の将来のこと　66
　　（5）お父さんやお母さんにひとこと　70
　　（6）中学3年生のみなさんへ　72
第3節　卒業生が語る単位制課程での学び　73
　　（1）いろんなタイプの人間がいていいじゃないか　74
　　（2）人前で注目を浴びるのが苦手な私が教師の道へ　78
　　（3）不登校になんかならないと決めた私が不登校になって　81
　　（4）仲間とともに新しい世界へ飛び出す　85
　　（5）仲間と思いを共有することができた研修旅行　89
　　（6）仕方なく来たような世界でまったく新しい自分に出会う　92

第3章　親から見た子どもの成長と親の変化——保護者座談会………95
　第1節　小学校・中学校の頃の子どもの様子　98
　第2節　近江兄弟社高校単位制入学のきっかけ　101
　第3節　単位制での出会いと子どもの変化　104
　第4節　単位制での出会いと親の気づき，変化　109
　第5節　単位制の先生とのかかわり　114
　第6節　単位制での学びとこれからの人生　118

第4章　教師と生徒・保護者のつながりと教育実践……………………123
　第1節　時間をかけて向き合うこと　125
　　（1）自分の弱さを受け入れてくれる場所　125
　　（2）葛藤の言語化——そばにいるだけという支援から　126
　　（3）本音を伝えることへのこだわり——負の感情を出せること　128
　　（4）本音を言い合えるのが友達——言わないと自分自身も変えられない　129
　　（5）本音をぶつける練習台としての担任——自分の気持ちを正直に話す　131

v

第2節　「つながり」が可能性をつくる　*132*
　　（1）限界を設定してしまう生徒たち　*132*
　　（2）「人は人のなかで育つ」ということ　*133*
　　（3）ある女子生徒の場合──同世代の仲間の存在　*133*
　　（4）新しい世界が拓けるという体験──生徒の力を信じること　*135*

第3節　個々に寄り添う指導と集団づくり　*137*
　　（1）戸惑いからのスタート　*137*
　　（2）「仲間」について考え合う　*138*
　　（3）学園祭と本当の「仲間」との出会い　*140*
　　（4）その後の他の生徒たちの飛躍　*141*

第4節　生徒との「関係づくり」を大切にした授業の取り組み　*143*
　　（1）単位制生徒の学びに関する実態と授業における工夫　*143*
　　（2）失敗のなかから生まれた「気づき」や「変化」　*146*
　　（3）授業づくりは関係づくり　*148*

第5節　学校とは何かを問いながら　*149*
　　（1）不登校だったから学校にこだわる　*149*
　　（2）登校できないということ　*149*
　　（3）登校するということ　*150*
　　（4）海外研修旅行　*151*
　　（5）「学校とは何か」という問い　*153*

第5章　小さな単位制課程の意味のある取り組み ……………… *155*
　第1節　スクールソーシャルワーカー（SSW）の実践　*157*
　　（1）高校におけるスクールソーシャルワーカーの必要性　*157*
　　（2）近江兄弟社高校へのスクールソーシャルワーカー導入の経緯　*158*
　　（3）近江兄弟社高校でのスクールソーシャルワーカーの実際　*160*
　　（4）単位制におけるスクールソーシャルワーカーの存在意義と課題　*164*

　第2節　スクールカウンセラー（SC）の実践　*166*
　　（1）単位制課程における学校カウンセリング　*166*
　　（2）保護者面接の位置づけと現状　*167*
　　（3）保護者面接の意味　*168*

（4）生徒の自己理解を深めるカウンセリング　*169*
　　　（5）学校カウンセリングの事例と生徒の変化　*170*
　　　（6）「ともに生きる」ための学校カウンセリング　*172*

　第3節　事例検討会の発足と実践　*174*

　　　（1）事例検討会の成り立ち　*174*
　　　（2）点の情報から面へ，そして立体の生徒像へ　*175*
　　　（3）「効率」とは対極にある時間と空間　*177*
　　　（4）教育観を変える事例検討会　*177*
　　　（5）若手のための「学校」としての事例検討会　*180*
　　　（6）事例検討会の発展を目指して　*181*

　第4節　ラーニングアシスタント（LA）の実践　*182*

　　　（1）ラーニングアシスタント（LA）誕生の経緯　*182*
　　　（2）LA活動の実際　*183*
　　　（3）LAと教員の連携　*184*
　　　（4）高校に学生ボランティアが入っていることの意味　*185*

第6章　単位制課程の実践から見える現代の教育課題 ……………… *191*

　第1節　青年期の課題と不登校支援　*193*

　　　（1）「第2の誕生」の時　*193*
　　　（2）青年期の課題と危機　*194*
　　　（3）「不登校問題」の歴史的位置　*195*
　　　（4）不登校生徒への支援　*197*

　第2節　発達障害をもつ不登校生徒への理解と支援　*200*

　　　（1）自閉症スペクトラム障害について　*201*
　　　（2）思春期のASDの生徒への自立支援の課題　*204*
　　　（3）保護者との協働に向けての課題　*207*

　第3節　保護者との協働と不登校支援　*208*

　　　（1）第1の誕生から第2の誕生へ——社会とつながって自分を生きる　*208*
　　　（2）子ども，保護者の生きづらさと社会環境，人間関係　*210*
　　　（3）子どもが不登校になった時——「お母さんは，うれしいんよ」の意味　*211*
　　　（4）自助グループ「親の会」——親が楽になることと子どもの回復　*213*

第 4 節　不登校と SSW・SC の取り組み　*217*
　（1）不登校とは，学校に行かないこと　*217*
　（2）SSW とは　*218*
　（3）SSW の沿革　*219*
　（4）SSW の活動　*220*
　（5）SSW と SC との連携　*222*

おわりに

第1章

近江兄弟社高校単位制課程で大切にしてきたこと

　　ここでは，2001年に近江兄弟社高等学校単位制課程が開設されるまでの経過，理念，特色，意義などが述べられています。それは，「校長室登校を続けたが，進級できず，涙ながらに進路変更した生徒の存在が，私に単位制課程設立を決断させた」という当時の学校長の述懐に象徴されています。
　　「全日制」にこだわったのは，1つには通信制では希薄になりがちな「人とのつながり」を実感してほしいと考え，2つには，学校生活の中心である授業，学び合いを大切にしたいと考えたからです。また，開設時に大切にしたことは，①生徒の現状を受け入れる，②生徒理解を深める，③安心して生活できる集団をつくることでした。ここを原点として，自分のペースで学ぶための柔軟な仕組みと生徒ホール，自習室などの環境整備が行われていきました。

第1節　単位制課程のスタート

藤澤俊樹

（1）忘れられない生徒

　私たちには忘れられない何人かの生徒がいます。中学校の時，不登校に苦しみ，近江兄弟社高校に入学して，ようやく登校を再開しましたが，出席日数が足りず留年が決まり，「兄弟社に残りたい」と泣きながら，やむなく進路変更した生徒たちです。当時，近江兄弟社高校に単位制課程がなかったこともあり，生徒も保護者も，そして私たち教職員も，「このまま本校に残った方が良い，せっかく軌道に乗りつつあるのだから」と思いながらも，みすみす取得できた単位数をゼロに戻して留年となるよりはと，当時広がりつつあった通信制等の単位制高校への転学をすすめざるを得ない，本当に残念な，やるせない思いでした。2001年，単位制課程設立時の芝田徳造校長も，「校長室登校を続けたが，進級できず，涙ながらに進路変更した生徒の存在が，私に単位制課程設立を決断させた」と述懐されています。

（2）なくてはならない私学であり続けるために

　1999年，近江兄弟社高校は，「コース制度」を廃止し，すべての生徒を同じように大切にし，個々のニーズを尊重する「総合選択制」の学校づくりを始めました。生徒が自分で学ぶ科目を選択して自分の時間割をつくるというカリキュラムです。これは，全国的な流れとは異なり，きわめて珍しい例として注目されました。大きな成果もありましたが，その一方で，カリキュラムは複雑を極め，時間割作成も困難で，生徒指導も基準がもてず困難も生じていました。とりわけ不登校の生徒に対しては，担任をはじめとする複数の教員がチームで支援し，欠席日数の扱いも柔軟に運用し，多くの教員は補習授業に追われました。教員たちは悲鳴をあげながらも，かといって生徒を見捨てることはできないと，苦悩の日々を送っていたのです。

近江兄弟社学園本館

　また当時の本学園は，深刻な経営難からようやく抜け出しつつあり，さらなる私学としての前進をはかる条件が準備されつつありました。経営的自立へのさらなる努力，つまりは定員拡大とその充足が求められていました。その年の私学審議会で滋賀県教育次長が「私学への期待」を口にし，県知事部局の私学担当者は「多様化の努力を頭から否定するようなことはしない」と言明していました。近江兄弟社学園理事会は，その要請にどう応えるか，正面から受け止めて熱心に議論し，次のような方向性を確認しました。

　　私学の存在意義は建学の精神を大切にし，現下の教育の閉塞状況に一石を投ずること。本学の建学の精神はヴォーリズ精神，キリスト教主義にある。それは，学園訓「地の塩・世の光」に表現されているように，一人ひとりの生徒を，かけがえのない賜物をもった存在ととらえ，個性豊かな教育を行うことを求めている。現下の画一的な教育，いきすぎた競争主義が，様々な教育課題を深刻にしている状況のなか，「単位制」はひとつの可能性をもつシステムではないか。「なくてはならない私学」であり続けるために，単位制課程の新設について研究・検討を始めよう。

（3）「単位制課程」設立の準備
　こうして単位制課程設立への準備がスタートしました。まず，1999年11月に

専務理事（現理事長）と教務部長（現校長）が山梨英和中学校・高等学校を視察し，大変な刺激を受けました。とりわけ衝撃的だったのが，担任を生徒が選ぶシステムでした。これは本校単位制課程で，「パーソナルチューター」として採用されることになります。

この視察で私たちは単位制への教育観を準備したといえます。それは戦後の一時を除いて，長く「学年制」のシステムに慣れた私たち高校教員にとっては，革命的といっていい教育観の転換を迫られたといえます。一言でいえばそれは学校システムに生徒を合わすべきであるという教育観から，生徒の状況を配慮した教育をつくるという教育観への転換でした。

2000年3月には，学園の全教職員の会議へ単位制課程設立に関する骨子を提案し，以後夏までに理事会や運営委員会（部長・主任会議）で審議し，理事会で決定しました。夏以降，近隣府県，関東，北陸の高校4校を視察しました。こうした視察で，私たちは「そもそも単位制とは何か」を学び，「普通科学年制と単位制の併設」について研究し，「私学の単位制」についても検証しました。そして通信制の単位制高校を視察し，その創意あふれる実践を具体的に参考にしました。しかし一方で，それらの視察から私たちが得た結論は，そしてそれはある意味当然の結論ですが，そのまま真似のできるところはないというものでした。当時の報告書から一部を紹介します。

　　単位制というシステムは合理的だが，そのあり方は「学校によって千差万別」で，「かなりの伝統を持つ名門校が純粋に，そのシステム活用のために単位制に切り替えた例」「学区を外しレベルアップをはかったり，学校のイメージアップのために単位制を導入した例」「通信制高校が不登校生や転編入生徒の受け入れのために単位制を活用している例」など様々。私たちにとってその何れもが参考になりましたが，そのまま真似られるところはありませんでした。言い換えれば，私たち独自の単位制課程を創らなければならないということです。

視察を続けながら，2000年10月の教員会議で，単位制課程設置について激論が展開されました。時期尚早・準備不足との声も多く出ましたが，結果的に賛成多数で承認を得ることができました。11月より「開設準備委員会」が発足し，翌2001年3月までに28回の会議を重ね，4月開設に向けてスタートの準備を進めました。滋賀県教育委員会の見解は，「定員の拡大は次年度の審議だが，現定員のなかでのスタートは認める」というものでした。

　新課程設置といっても，生徒が集まらなければスタートできないのが学校の宿命です。私学の場合はなおさらです。年度途中，それも終盤からの生徒募集です。とりあえず急いで次のような案内を県内中学校に送付しました。

2000年11月24日

単位制課程を志望される生徒のみなさんへ

　私たちは，学習したいという強い意欲を全生徒に求めますが，学習のやり方は多様であって良いと考えます。学年とか進級という考えにこだわらざるを得ないのが「学年制」です。学年の枠を取り払い（現状は「こだわらず」），一定の単位が修得できた時点で，卒業を認定するのが「単位制」です。近江兄弟社高校では，「単位制」の方が自分のペースで中身濃く学習できる生徒も多いのではないかと考え，来年度より「単位制課程」を設置することとしたのです。

　今もし登校が困難でも，「登校したい」「学習したい」という強い意欲をもち，単に高校卒業資格が取りたいというだけではなく，「友達とのふれあいを大切にしたい」「様々な高校生活での体験にチャレンジしたい」というみなさんのために，近江兄弟社高校の「単位制課程」はスタートするのです。しっかり学習し，様々な体験を通して成長できる課程なのです。……生活指導方針や教育課程はほぼ「学年制」と同じと考えてください。選択科目（7時間目の自由選択も）は学年制と共修ですし，様々な学校行事やクラブ活動も共通です。ただ若干の補充授業を実施したり，少人数ならではのユニークな行事をプラスするようなことを検討しています。

激増する不登校生徒の進路保障に中学校の先生たちも苦悩していたのでしょう。きわめて短期間の呼びかけにもかかわらず，中学校現場の生徒・保護者・教員の悩みや期待と本校の呼びかけが重なり，18名の生徒が集まりました。こうして，「単位制課程」は，2001年4月にスタートしました。

(4) 単位制課程スタート

　単位制課程がスタートした時の原点について，2001年度の近江兄弟社高校の方針会議の単位制課程に関する資料の一部より紹介します。

　私たちは，昨年末から志望生徒への面接を繰り返してきました。その面接やその際に書いていただいた生徒や保護者の方の作文から，いろいろなことを考えさせられています。いじめ等で傷ついたり，なかなか自分が好きになれず苦しんでいたりというなかで，それでも「自分のやりたいことをやる土台として学習したい」と本課程を志願してきた生徒たちです。また「いつのまにか普通という価値観・学歴志向を押しつけてきたのではないか」と振り返りながら，「自立した考える力をもった大人に育ってほしい」と話される保護者の方にも学ばされました。入学前に私たち単位制課程スタッフは，すべての生徒の顔と名前が一致していました。生徒や保護者と，すでにメールや電話のやりとりも始まっています。先日ある保護者から，うれしいファックスをいただきました。「単位制課程第一期生という幸運に恵まれたこと，またこの課程が良くなるかどうかも私たちみんなの志にかかっていることを，子どもとも確認し合いました。学校・子ども・家庭が心を通わせ，三位一体で歩んで行ければうれしいです」と。新しいことにチャレンジすることに緊張し興奮しながら，教育の原点に立ち戻って，心と心が通じ合う教育を展開したいと決意を新たにしています。

(5) 単位制課程設立の初心

　「初心忘るべからず」といいます。単位制課程の歩み，具体的な実践の話に

入る前に，ここで私たちが単位制課程をスタートさせた「初心」を整理して記しておきたいと思います。

　私立学校法第1条に「私立学校の特性にかんがみ，その自主性を重んじ，公共性を高める」という文言があります。私学のキーワードは，自主性と公共性なのです。私学は，創立者や先達が，深い思い・志をもって私財を投じて創立されたわけです。私たち私学人には，その思い・志，つまり「創立の精神」を，進取の気風と自主独立の精神をもって具現化する責任があります。近江兄弟社学園の建学の精神は，ヴォーリズ夫妻が近江の地に「神の国」（理想郷）をつくろうとしたその夢そのものであり，すべての人を「神の子」として大切にしたその生き方であり，「イエス・キリストを模範」とした「知性豊かな自由人」を育成しようとしたその教育観です。単位制課程の設立の初心も，建学の精神の具体化に果敢にチャレンジしたいという私たちの思いと重なるものでした。さらにいえば，自主性と自主独立の精神は，他校を多く視察しながら，やはり独自の本校ならではの単位制課程をつくりたいという思いにもつながったわけです。他校の「担任を生徒が選ぶ」というシステムについても，その精神については学びながら，システムそのものは本校の考えで修正して「パーソナルチューター」制度として採用してきました。本校単位制課程は，全日制の多様な教育プログラムを最大限に活用し，学力もソーシャルスキルも，体験的に学んでもらう教育を目指しています。

　次に「公共性」についてです。教育は不完全な人間が不完全な人間を教え育てるという，大変危うい営みです。それを自覚しながら，私学の「自主性」は，独善的な誤りにつながることを常に警戒しなければなりません。私たちの教育が「自主性」と称した「独りよがり」にならないためには，2つの姿勢が重要と考えます。それは，精一杯「学ぶ姿勢」と「協力する姿勢」です。宗教的な言い回しをすれば，神ならぬ身の私たちが神の業である教育をするわけです。そう考えれば謙虚に懸命に学び続けることと，周りの助けを得ながら皆で協力することは，教壇に立つ条件といっても良いでしょう。そんな考えで，単位制課程では，まず教員や保護者が生徒の声に耳を傾け，いろいろな機会をつかま

え互いに学び合うことを重視していますし，生徒・保護者・教員，また地域の専門家・機関等「みんなでつくる学校」という姿勢を大切にしています。このことが，私立学校法のいう「公共性」を高めるということだと信じています。

第2節　単位制課程の特色づくり

安藤敦子

（1）近江兄弟社高校の単位制とは

　単位制課程（以下，単位制と表記）を創設するにあたって私たちは，近江兄弟社高校でしかできない単位制にしようと考えていました。まったく別の高校をつくるのではなく，近江兄弟社高校の実践の土台の上に，「単位制」という学校を花開かせようとしたのです。つまり，イエス・キリストを模範とする人間教育や国際人教育など，学園創立以来大切にしてきた教育目標を単位制という新しいステージで達成しようと考えたのです。

　そもそも「単位制」には，学年の区分がなく「進級」という概念もありません。必要な単位を修得すれば卒業できる課程です。したがって進級にこだわる必要がなく，自分のペースで着実に学習できるという特長があります。一方，「学年制」では単位を落とすと原級留置となり，落とした単位以外の修得した単位も無効になります。学年制のシステムが，教員からは「勉強しなかったら留年するぞ」という脅しに使われ，生徒にとっては「留年したら恥ずかしいから勉強する」という強迫観念となった時，本来の学びの目的をゆがめてしまいます。私たちは，競争原理や管理主義で生徒を追い詰めるのでなく，一人ひとりの生徒が自分の学びたいことを，自分のペースで豊かに学び，修得した単位を蓄積していける単位制を目指しました。

　1つの高校のなかに学年制と単位制が共存することについては，当初は様々な議論がありました。卒業できない生徒がどんどんたまっていったらどうするのか，生徒指導は同じルールでできるのか，生徒会やクラブ活動はどうするのかなど，まだ姿が見えない単位制とそこに入学してくる生徒についての不安や

疑問を多くの教職員が抱えていました。しかし，どうしたら良いかは入学してきた生徒たちが教えてくれました。「卒業できない生徒」という見方ではなく，「自分の目標を決めて卒業を目指している」4年生の姿は，学校を休みがちな後輩たちの大きな励ましとなりました。生徒指導は同じルールだけれども，指導方法を工夫する，時間をかけて指導する，ダメなことはダメと伝えながらその場でやりきらせることを最終目標としないなど，独自の指導方法を蓄積していきました。生徒会やクラブ活動は，学年制の生徒と単位制の生徒が交われる良い機会ととらえ，積極的に参加させるようにしました。「単位制だけでなく学年制の友達もつくりたい」というニーズをもった生徒がいることにも驚きましたが，単位制に入学した自分とは違うと思っていた学年制の生徒と同じ目標をもって活動したことで自信をつけた生徒も生まれました。学年制と交わる機会が増えてくると，摩擦も起こります。「学年制の生徒からバカにされた」「単位制の悪口をいわれている」などの生徒の訴えを聞くにつけ，「どうしたら単位制の生徒たちに自信をつけさせることができるのだろうか」と私たちも悩み，それでも「学年制と単位制のそれぞれの良さは必ず理解し合えるし，それができる近江兄弟社高校でありたい」と願ったのです。

　「全日制」にこだわったのは，1つには通信制では希薄になりがちな「人とのつながり」を実感してほしかったからです。中学校時代に，人間関係につまずいたりいじめなどで人間不信になった生徒たちには，多様な人との出会いのなかで自分を取り戻し，「人間っていいな」「私も捨てたものじゃないな」と思って卒業してほしいと考えました。そのことが，高校卒業後の生きる力になると思ったからです。2つ目には，学校生活の中心である授業，学び合いを大切

職員室前の廊下

にしたいと考え，単位制を授業改革の拠点にしようと構想していたからです。学校に行くことがしんどい生徒が学びたくなるような授業をつくり，授業のなかで生徒たちがお互いの考えを知り，間違ってもいいから自分の考えを表現できるような教室にしたい。そのためには1時間目から6時間目まで授業がある全日制でなければできないと考えていました。これは，そう簡単なことではないと後でわかるのですが，私たちは，入学してくる生徒に「学ぶ意欲と熱意」を求め，「過去よりも未来を重視する」と宣言し，それに恥じない単位制という新しいシステムと新しい授業をつくる熱意に溢れていました。

（2）原点——私たちが大切にしてきたこと

　2001年4月，近江兄弟社高等学校に単位制が開設されました。初年度に迎え入れた18名の生徒たちを前にして私たちが大切にしたことは，①生徒の現状を受け入れること，②生徒理解を深めること，③安心して生活できる集団をつくることでした。

　①生徒の現状を受け入れること

　私たちがまず取り組んだのは，生徒たちとの個別の面談でした。初年度は6月までに全員と2回の面談をし，6月の保護者会には保護者全員が集いました。保護者の発言のなかからは，単位制に入学したもののまだまだ登校がままならない子どもの状況に対する不安や，わが子の言動が理解できず，親として葛藤しながらそれでも理解しようと努めておられる様子が語られ，それはまさしく私たち教師の思いと一致するものでした。保護者会は，保護者と教師という立場を超えて共感し合える場となっていました。

　②生徒理解を深めること

　生徒理解を深めるために，設立当初から2人担任制を導入しました（数年後には担任・副担任制に変更）。また，「生徒が選ぶ3人目の担任」として「パーソナルチューター」も置きました。私たちは，従来の教育観を転換させる意味

琵琶湖でのカヌー教室

で,「生徒が先生を選ぶ」ことに耐えられる教師集団でありたいと考えていました。

　生徒のことは生徒に聞けばわかると考え,生徒アンケートも実施しました。「長期に休んでいる生徒が復活できるプログラムを」「個室の勉強部屋がほしい」「単位制の生徒会を」「授業日程を変更しないで」「簡易進路室を作って」「進路についての授業をしてほしい」等,生徒たちの切実な願いは,後に単位制の特色として多くの部分が実現されていきました。

　③安心して生活できる集団をつくること
　安心して生活できる集団づくりの実践としては,とにかく生徒と一緒に学校内外を問わず「何かを企画する」ことに情熱を注ぎました。生徒と教師対抗の球技大会,琵琶湖畔でのバーベキュー,スキー合宿,大学めぐり,専門学校での特別授業,もちろん体育祭,文化祭も「主役は生徒か先生か？」といわれるくらい一体化して取り組んでいきました。

（3）ハイブリッドカリキュラム──特色ある柔軟な学び
　単位制というシステムをつくりながら,授業改革にも取り組みましたが,システムづくりに振り回され,肝心の授業内容や進め方が従来の授業とどう違ったのか吟味されないまま補習に追われていました。全日制である以上,授業出

授業風景

席ができなければ単位が認定できず，さりとて不登校の生徒は登校することができず，私たちがたどり着いたのは膨大な量の補習授業を組むことでした。生徒のためを思って始めたことですが，「何をどこまで頑張ればいいのかわからないからしんどい」という生徒の声に，厳格な「規定」がかえって生徒の安心や目標設定につながることを遅ればせながら学んだのでした。

その葛藤から生まれたのが，2004年度からスタートした「ハイブリッドカリキュラム」です。これは，7・8時間目に開講され，月1回の授業や夏・冬休みのフィールドワークと自宅で取り組む課題（問題集等）をハイブリッド（混合）させたカリキュラムです。フィールドワークでは立命館大学国際平和ミュージアム（歴史），琵琶湖博物館（理科），国立民族博物館（家庭科）などの見学を取り入れ，学校を離れて本物に接する体験を重視しました。登校しにくい生徒もいますから授業時間数は最小限に抑えて，教科のエッセンスを凝縮して学びます。そこでは，学ぶ意欲を育む授業が求められます。次に授業を受けるのは1か月後ですから，その間に自宅で指定された課題に取り組みます。自分で選んだ問題集や教科担当者から指定された調べ学習をレポートにするなど多彩です。

また，ハイブリッドカリキュラムの一環として多様な学びのニーズに応えるために，自主研究（Independent Study：通称IS）という科目を立ち上げました。これは希望制で，1年間を通じて自分のテーマを研究し，5000字の論文にまと

海外研修旅行（2012年度・タイ）

めて成果を発表する科目です。論文の指導は，該当する教科の専門性を考えてチューターを配置しました。初年度に生徒が選んだテーマは，「沖縄」「医療保育の必要性」「ブラックバスの生態について」「ボランティアリーダーの役割」など多彩で，その問題意識の高さに教師が驚かされました。また，生徒たちがどんなテーマで学びたいと考えているかを知る良いきっかけにもなりました。

（4）海外研修旅行——挑戦することで成長する生徒たち

　試行錯誤の初年度を終え，2年目を迎えたなかで転機となったのは，中国への海外研修旅行でした。入学式直後から登校できず事前学習にも参加できなかった生徒と，「英語」と聞くと頭痛がする生徒が，中国の交流校の来賓の前で英語のスピーチをして拍手喝采を浴びました。引っ込み思案だった生徒が，交流校の生徒に身振り手振りで折り紙を教えていました。現地ガイドから「こんなに礼儀正しく仲の良い生徒は初めてだ」とほめられました。「経験が不足している生徒たちだから，教師がお膳立てをして成功体験を積ませる」というこれまでの生徒観に基づく無意識の呪縛から，「挑戦させる，鍛える」ことで生徒は成長するという至極当たり前のことに気づいたのです。

（5）イヤーブック——1年毎の学校生活と生徒の成長

　1年毎の学校生活の歴史を「イヤーブック」という冊子にまとめる取り組み

も始めました。「卒業アルバム」ではなく，「1年毎」というのがポイントです。1年目は五里霧中の実践で，行事ごとの写真と文集が残されている程度でしたが，2年目からは日常の風景や授業での感想なども意識的に保存しておくようにしました。生徒と一緒になって思い出を振り返りながら，掲載する写真や文章を選びます。教師と生徒の格闘や試行錯誤が実を結ぶ時です。以下は，イヤーブックに掲載した生徒たちの言葉です。

- 単位制に入学して1年，この学校に来て本当の「学び」に出会い，また自分に向き合うことができました。これからの目標は「自分の頭で考える」です。悩みから逃げず自分の力で解決策を見つけ出すこと，いろんな角度から物事を見る目をもつこと，少しずつ努力を重ねていきたいと思います。（女子，2001・2002合冊イヤーブック）

- なぜ学校に通っているのか，勉強とはいったい何であるのか？ 学校に来ると，授業中に先生の雑談やうんちくを聞いたり，怒られたりする。知らない人に出会ったり，新しく友達ができたりする。こういったことすべてが勉強になりうる。すると，学校とは勉強するところであり，学校に通うこと自体が勉強なのだ。学校教育におけるもっとも大切なもの，それは自分の頭で考え批評する能力の育成であると思う。勉強が苦手でもいい，人付き合いが苦手でもかまわない。学校に通って新しい経験をし，何かを得るために努力をする。これこそが学校で勉強するということであると信じる。（男子，2003イヤーブック）

- ここに来る前は「何かが変わる」なんて思っていなかった。でもそれは間違いだった。この4年間で得たものは「出会い」と「価値観」だ。どちらも昔の自分のもっていなかったものだ。多くのものを「出会い」から学び，そして「価値観」をつくり上げていった。するとだんだんと自分の姿が見えてきた。真っ暗闇に光がさしてきて，周りの景色やこれから進むであろう道が目の前にあらわれてきた。（男子，2004イヤーブック）

- 成り行きにまかせて入学した単位制だったのに，そこには多くの学びがあり，成長がありました。入学する前までの私は家族が嫌いでした。学校が

面倒でした。先生が目障りでした。友人のことも嫌いになりかけていました。でもいつの間にか家族も学校も先生も友人も少しずつ認めていくこと，好きになっていくことができていました。つらい時も楽しい時も誰かが傍にいてくれたことに気づきました。単位制で過ごした日々のおかげです。
（女子，2009イヤーブック）

（6）生徒ホール，超個室，自習室——生徒の声を生かした校舎づくり
　当初1クラスでスタートした単位制は，2005年度より1学年2クラス80人の募集定員が認められ，それに合わせて新しい校舎を建設することになりました。旧校舎の時に生徒たちが考えた「生徒ホールは，しんどい時に休む部屋」「自習室は1人で静かに勉強する部屋」という特色を継続しながら，それぞれリニューアルして職員室の両サイドに配置しました。生徒ホールにはミニ図書コーナーや畳のスペース，話し合いができる応接セットや少人数でおしゃべりできるカフェテーブルも設置しました。自習室には，参考書や辞書，各種検定に挑戦する生徒のための過去問題集などを自由に使えるように置きました。
　旧校舎の時に「超個室がほしい」という生徒がいました。学校のなかに1人になれる場所がほしいというのです。単位制の入試で生徒や保護者との面談を課している事情も重なって，職員室内に4つの相談室を設けました。ドアを閉めれば「超個室」になりますが，職員室の人の気配は感じられます。プライバシーも守られますし，気になる生徒が使っている場合は，小さなガラス窓からなかの様子を窺うこともできます。生徒のクールダウンや，体調不良時の一時避難，時には大声で泣きたい時にも使われています。「相談室　涙の数だけ強くなる」と歌に詠んで卒業した生徒もいました。つくって初めてわかったことですが，温かく見守られながら自分が望まなければ踏み込まれない，こんな空間を生徒たちは求めていたのです。

（7）卒業までの多様な道程——自分のペースで豊かに学ぶ
　2005年度に単位制全体の定員が260名になったことで，さらに多様な生徒た

ちを入学させることになりました。軌を一にして，文部科学省が高等学校卒業程度認定試験（以下，高認と表記）を全日制高校の在学者も受験可能にし，さらに合格科目の高等学校卒業単位への算入が可能になりました。単位制設立当初より，英語検定やボランティアなど学校外での学習を単位認定し生徒に自信をつけさせようと考えていましたが，高認の単位認定については賛否両論ありました。しかし，登校したくてもできず，行事はもちろんハイブリッド授業にさえ入れず，家庭で悶々とした日々を過ごしている生徒たちや，3年生で登校できるようになったのに，数単位足りないことで卒業を1年先送りせざるを得ない生徒のことを考えた時に，これを導入しようと決定しました。他者からの評価を気にする生徒たちですが，だからこそ高認合格という評価をもらった時にそれが大きな自信となって，その後の登校に結びついたり進路について真剣に考え始めたりすることもあるのです。

　単位制の生徒にとって「卒業式」は単なるセレモニーではありません。高校卒業資格といっても，そこに辿り着くまでに80人いれば80通りの道があります。制服を着て家を出て，正門をくぐり，職員室に入り，生徒ホールで過ごせるようになって，遅刻や早退ができたり，授業が受けられたり，友達とケンカしたり教師に叱られたりするようになって，それぞれが自分の信じる道を歩むようになる，その道程を見守ってきた大人たちにとっても特別な日です。ペースは一人ひとり違っても，そこにはかけがえのない豊かな学びがあるのです。そんな小さな学びの積み重ねが，一人ひとりの生徒の幸福の土台になるのだと確信しています。

＊　2005年度より導入された文部科学省主催の国家試験。8～9科目すべてに合格すると高校卒業と同程度以上の学力があると認定され，高卒資格がなくても進学・就職できる。

第3節　単位制課程における教育実践の意味

春日井敏之

（1）近江兄弟社高校単位制とのかかわり

　単位制は，2001年に開設されましたが，私は当初からいくらかのかかわりをもってきました。1つには，2002年から立命館大学文学部の正課科目として立ち上げたインターンシップ「子ども・青年の居場所づくり」のフィールドの1つとして，近江兄弟社高校単位制におけるラーニングアシスタント（以下，LAと表記）を加えたことに始まり，現在まで継続しているかかわりです。これは，当時京都の「親の会」などと連携しながら，不登校の子どもたちの居場所づくりを地域で展開していた「NPOふらっと」という団体と提携して実現した単位制の高校生に対する大学生による生活・学習支援活動です。主として，「生徒ホール」という校内の居場所におけるボランティア活動として始まりました。その時，「NPOふらっと」で中心的なスタッフのひとりとして活躍していた野本実希氏と出会いました。野本氏は，当初LAのコーディネーターとして役割を果たしつつ，2006年から近江兄弟社高校のスクールソーシャルワーカー（SSW）として任用され，単位制にとって欠くことができない教育実践の担い手のひとりとなっていきました。

　2つには，単位制が2クラスに増員された2005年から始まり，単位制の全教員で毎月1回行われている「事例検討会」にスーパーバイザーとして参加することを，当時単位制の副校長であった藤澤俊樹氏と後に指導部長となる安藤敦子氏から要請され，現在まで継続しているかかわりです。ケースをあえて毎回1つに絞り，じっくり検討を行うことによって，報告者が，「生徒の抱える課題への理解と取り組み方針」について見通しがもてるように支援していく場となっていきました。このような生徒へのアセスメントと取り組み方針の検討を通して，参加した他の教師も，自分の担当する生徒の顔を思い浮かべながら見解を自由に述べていきます。これが，検討結果を次に活かしていくことにもつ

ながっていきます。

　私は，お互いに異なる専門性をもつ対等なスタッフのひとりとして参加し，コンサルテーションの場にしていこうと強調してきました。「私がお答えします」ではなく，報告を受けて，「このケースでは，誰が一番困っているんですか」「生徒は，誰にどんな助けを求めているんでしょうか」「担任は，どうしたいんですか」「この生徒の強みはなんでしょうか」などと，「問う」ことを通して，生徒理解をみんなで深めようとしてきました。

　このように，単位制開設当初から，内と外に開かれた支援ネットワークをつくっていくプロセスに参加できたことは，私にとっても大きな意味のあることでした。

(2) 単位制における教育実践——生徒にとっての意味

　ここでは，第2章で詳しく紹介されている卒業生，在校生からのメッセージに耳を傾けながら，そこから見えてくる近江兄弟社高校単位制の教育実践の意味について考えてみたいと思います。生徒の視点から，単位制における学びと生活の意味を問い続けることが，単位制の発展につながると考えるからです。

　①通学することを前提にした意味

　近江兄弟社高校単位制は，通学することを前提にして開設されました。それは，小中学校と不登校経験をもち，自分なりのペースで少しずつエネルギーを蓄えてきた生徒の多くが，「友達がほしい」「青春したい」「勉強したい」といった，ごく普通の人間的な願いをもちながら，他方では一歩踏み出すことを躊躇しているような状況を土台にしています。そのうえで単位制の教師たちには，生徒が登校することによる学びと生活を通して，生徒どうし，教師，大学生などと直接つなげていきたいという積極的な意図があります。生徒の人間的な願いと教師の積極的な意図がうまく重なった向こうに，卒業とその後の進路選択が具体的に見えてくるように思います。ここに，生徒が自分の人生の主人公に成長していくことを支援し，人や社会とつながって自分を生きるための主体を

19

育てていく場としての単位制の意味があります。

　人間関係のあり方を学ぶために，学校という場で他者と直接出会い，失敗つきの練習ができて排除されないという場が単位制なのです。卒業生の一人が，次のように語っていることに，このような場の意味が凝縮されているのではないでしょうか。「抱えているものがある分，それぞれが，お互いの感情に対して敏感であり，距離を測りながら付き合っていたように感じていました。あえて相手の感情を逆撫でするようなことをいって相手の反応を確かめたり，過剰なまでに優しく接したりすることで，人間関係の結び方を探り合っていたように思います。その結果，少しのことで傷ついたり，互いに傷つけ合ったりしたこともありました」。

　失敗つきの練習ができて排除されないという前提があるからこそ，放課後の7・8時間目に開講されている「ハイブリッド」と呼ばれる柔軟なカリキュラムや生徒が選ぶ3人目の担任としての「パーソナルチューター」といった出会いや学びのためのシステムが，活かされていくと思うのです。

　②存在を受け止めてもらえる居場所としての意味

　毎年入学直後は，過去の負の体験や傷つきなどを抱えながら，不安や緊張のあまり，恐々としている生徒は少なくありません。だからこそ，単位制の生徒たちは，お互いの過去の不登校経験をいきなり聞くようなことはしません。また，遅刻してきても，その理由を問いただすようなこともしません。何事もなかったかのように，授業は進むのです。少し考えれば当然のことですが，繊細な生徒たちであるからこそ，お互いの傷口に塩を塗りこむようなことはしないのです。教師も事前に情報として生徒の様子を知ることがあっても，信頼関係ができて必要な時に生徒自身が話してくれるまで待つのです。

　この視点は，いちいち過去を問いただされることなく，現在の存在を受け止めてもらえる居場所として，重要なことではないでしょうか。「一緒に居る」という支援のもつ意味が，ここにあると考えています。「単位制は柔らかいシェルターみたいな場所だった」という卒業生の一言に，単位制の果たしている

大きな機能が凝縮されています。
　それは，ちょうどカタツムリが，仲間とどのくらいの距離を取ったらいいのか迷いながら，たまには触角があたってしまうような経験も経て，ここなら何となく安心できて，いい関係ができそうだと経験的に学んだ時に，自分らしく触角をのびのびと出して生きていくような姿と重なります。

　③自分と向き合い過去の体験と存在を意味づける
　まず，今のままの自分の存在を受け入れてもらうなかで，傷ついてきた生徒の心は安定していきます。安定した心は，2つの方向に動いていきます。1つの心は内に向かい，自分自身の不登校体験を意味づけていこうとします。もう1つの心は外に向かい，自分のペースで友達や教師，大学生，保護者などとかかわりながら，自分の存在を意味づけていこうとします。この両輪が絡み合って動きだした時に，生徒自身が未来に向かって動きだしていく自分のエンジンがかかるのではないでしょうか。それは，決して楽なことではなく，不登校をしたことをどこかで後悔している自分と向き合いながら，意味づけをしていく作業なのです。だからこそ，理解をしよう，応援しようという姿勢でかかわってくれる友達，教師，大学生，保護者といったサブエンジンも必要なのです。
　ある卒業生は，次のように語っています。「卒業した今でも果たして不登校の経験が良かったのだろうか，と悩むこともあります。単位制での体験は自分の過去の経験に向き合う場であり，それに対して様々な思いを巡らす時となったと思っています。そのおかげで大いに悩むことになったとしても，何も考えずに結論を出してしまうより良いのではないかと思っています」と。別の卒業生も，「中学時代不登校になって，単位制に来なければみんなと会えなかったと思うと，あのつらくて苦しかった時代は，自分にとって必要だったと思えるようになりました」と語っています。
　このような生徒たちの回復，成長を支援するために，担任・副担任やパーソナルチューターによる教育相談，スクールカウンセラー（SC）によるカウンセリング，スクールソーシャルワーカー（SSW）による支援などが生きていくの

です。

　④「日常の青春の学び舎」がもついくつかの意味

　生徒たちは，いきなり深刻な話をしたり，葛藤を語り合うようなことはしません。むしろ，友達や教師，保護者と日常のたわいもない雑談ができる関係があって，いざという時に相談ができるのです。ある卒業生は，「授業の間や昼休みでの友達の会話に，時間が経つのも忘れるほど熱中しました。昨夜のテレビや趣味の話，時には腕相撲をしたり廊下ではしゃいだり，一見つまらないことのように思えますが，今思えばこうした何気ない楽しみがあったからこそ，弱音を吐かずに頑張ってこられたのだと思います。『いつもどおりの日常に小さな幸せを見つける』ことを意識して，日々を過ごせば気持ちが楽になると気づきました」と語っています。また，「単位制は，さりげなく教えてもらえる場所だった」という別の卒業生の一言も，意味が深いと思うのです。

　双方向の「お互い様」の人間関係は，一方的に配慮や支援を受ける存在であり続けるだけでは，形成しにくいものです。支援をしているほうもだんだん疲れてきて，支援を受けるほうの主体性も育ちにくいようなことがあります。私は，「友達がほしかったら，待っているだけではなく，できる範囲で友達のためにできそうなことをしてあげたらいい」と，高校生や大学生たちによく話しています。これまでいろいろな人たちの「お世話」になって育ってきた子どもたちの心のなかには，「できることで，誰かを助けたい」「誰かのために役立ちたい」という気持ちが育っているからです。ある卒業生は，自分が休んだ時に，クラスの友達からメールや電話をたくさんもらった時のことを，次のように語っています。「中学時代は，休んだからといって何回も頻繁にメールや電話をもらったことはありませんでした。休んでいても，学校に来られない状況ということを理解してもらえるという環境がうれしくて，携帯電話を握りしめて泣きました」と。

　私は，メールや電話をもらった生徒と同時に，送ったほうに着目しています。ここからは，登校できない相手の状況を自分の体験と重ねて理解しながら，友

第1章　近江兄弟社高校単位制課程で大切にしてきたこと

文化祭の模擬店

達として心配し，できることで力になりたいという積極的な姿勢が伝わってくるからです。お互いの存在が，お互いにとって励みになるような意味のある関係です。繊細な自分を責め，自分のありようだけを問い続けるといった自己へのとらわれから脱却し，双方向の「お互い様」の関係に身を置いた時の生徒の飛躍を感じるのです。

　学園祭（体育祭，文化祭）や海外研修旅行といった行事を通した学びと体験の場も，このような関係を構築していく機会となっているのです。

⑤自立モデルとの出会いの場としての意味

　近江兄弟社高校は，1つの高校のなかに学年制と単位制が共存するという選択をしました。学校行事，生徒会活動，部活動，入学式・卒業式などは，一緒に行われています。たとえば，卒業式の答辞は，学年制と単位制の代表が登壇し，それぞれの視点から高校生活についてメッセージを伝えていきます。不安や緊張を胸に入学した単位制の生徒にとって，学年制の生徒は当初緊張を高めさせるような存在かもしれません。しかし，その一方で，高校生活を楽しみたいと期待して入学した単位制の生徒にとっては，身近な目標になったり，高校生活のパートナーになっていくこともあるのです。隔離された環境ではなく，生徒の回復状況によって，「日常の青春の学び舎」で共存することが，お互いの理解と協同を幹とする学校文化をつくっていくのではないでしょうか。

　また，ラーニングアシスタント（LA）という大学生との出会いは，少し年

生徒ホールで LA と語り合う生徒たち

　上のお兄さん，お姉さんという斜めの関係であり，憧れであり，近い将来の自立モデルになったりします。逆に，時には LA の失敗や悩みなど，等身大の姿に触れることで，生徒が励まされるようなこともあります。卒業生の一人は，次のように語っています。「LA といっても，学習の手助けをしてもらった記憶はほとんどなく，生徒ホールで他愛もない話をするのが単純に楽しかったです。悩みを聞いてもらったり，LA の人たちにも悩みがあることがわかって安心することもありました。学校内だけの交流では飽き足らず，LA の人が所属していたボランティアグループのキャンプにも参加させてもらったことがありました。そんな身近な存在の LA と交流することで，小さな単位制の校舎から学校の外の世界へつながっていったのだなと思います」。
　さらに，折に触れて自分の人生を語り，人としての生き方やあり方を考えるためのヒントを押しつけることなく，さりげなく教えてくれるような教師集団の存在も，生徒にとっての自立モデルそのものになっています。若手，中堅，ベテランが，それぞれの持ち味を出しながら，生徒に働きかけ，同時に生徒からも学んでいこうとしている姿勢は，それ自体が生徒への大きな励ましになっているのです。

（3）つながって生きる──「問う，聴く，語る」というかかわり
　大学のゼミでコミュニケーション能力について議論した時に，ある学生が

「最近，コミュニケーション能力が低くなっているといわれていますが，誰が誰に対していっているんですか」と発言しました。続けて，「子どもたちのコミュニケーション能力が落ちているというのなら，批判だけしているのではなく，能力が子どもよりはあると思っている大人たちには，子どもたちがその能力を高めていけるようなかかわり方が求められているのではないでしょうか」と指摘しました。

　議論を通して，①コミュニケーション能力は，双方向の人間関係をベースにして育っていく，②学校や家庭においては，未熟な子どもたちのコミュニケーション能力に応じた教師や保護者のかかわり方こそが問われている，③具体的には，教師や保護者にとっては，次のような「問う，聴く，語る」ことを軸にした子どもとのかかわり方が大切ではないか，といった点が共有されていきました。

　第1に，「問う」というかかわり方には，3つの意味があります。1つには，問い詰めるのではなく，「どうしたんや」と子どもに問いかけることから教育や子育ては始まります。2つには，「子どもの言動の意味を自らに問う」という姿勢をもつことから子ども理解が始まります。3つには，1人でわからない時には，「周辺の教師や保護者などと子どもの言動の意味を問い合う」というネットワーク支援の姿勢をもつことで，子ども理解は深まっていきます。これは，教師や保護者がSOSを発信しながら，子どもとつながって生きていくという姿勢でもあります。

　第2に，「聴く」というかかわり方で最も大切なことは，これまで抑圧し爆発を避けてきた「子どもの負の感情を聴き取る」ということです。そうしたかかわりが情動の安定につながり，子どもの不安やストレス，葛藤などを読み解く入り口になることが多いのです。子ども自身も，「腹立つ，むかつく，しんどい，つらい，悲しい」といった感情を聴き届けてくれる他者と出会うことで，その感情に振り回されずに向き合ったり，距離をとったり，一区切りをつけたりしていくのです。わからないなりにわかろうとしてくれる姿勢をもっている教師や保護者との出会いは，子どもがやっかいな自分の課題と向き合っていく

ための支えとなっていきます。

　第3に,「語る」というかかわり方で最も大切なことは,教師や保護者が,「自分の失敗を語る」ということです。子どもと同じような中学校や高校の時に,どんな成功を収めたのかではなく,どんな失敗をしてきたのかを語るのです。その時,どんな葛藤を抱えたのか,誰に助けてもらったのか,どうしのいで現在に至ったのか,などについてリアルに語ることです。これが,生き方を考え合う進路指導,キャリア教育になっていきます。生身の人間として,私を主語にした「アイ・メッセージ」を発信することによって,押しつけではない双方向の人間関係が生まれていきます。

　以上の3点は,子どもとかかわる教師や保護者に求められているコミュニケーション能力の中身でもあると考えています。たとえば教師の果たす役割は,自分の人生を振り返りながら,失敗,葛藤,喜び,やりがいなども含めて,「問う,聴く,語る」ことを通して,子ども,保護者,同僚とかかわっていくことにあるのではないでしょうか。こうしたかかわり方が,子どもたちや若い教師,若い保護者のコミュニケーション能力を,ともに育てていくことになるのではないでしょうか。

　単位制における教育実践の大きな特徴は,この「問う,聴く,語る」というかかわりを教師集団として大切にしながら,生徒にスポットライトを当てて,その成長に励まされながら,地道な努力が重ねられていることにあります。

第2章

卒業生たちが学んでいったこと

> 　単位制課程では，中学3年生，その保護者，単位制の保護者，一般市民などに呼びかけて，「公開教育研究会」が行われてきました。その後，オープンキャンパスのなかに位置づけられ「Jump in 単位制」として，毎年様々な形で受験生，保護者を対象に，単位制課程の紹介が行われています。
>
> 　ここでは，初めにそのなかで行われた2つのパネルディスカッションを紹介しています。小中学校で，不登校を経験してきた7名の卒業生，在校生が，単位制における生活や学びと，それを可能にした友達や教師との出会い，保護者との出会いなおし，自身の変化などについて語ってくれています。また，これとは別に6名の卒業生が，卒業後の進路は様々ですが，不登校からの変化，回復につながっていった出会いやきっかけなどについて，語ってくれています。

第1節 「単位制」での出会いと学び
――第3回単位制課程公開教育研究会：パネルディスカッション――

　2クラスへの定員増をひかえ，「知識の詰め込みや競争ではなく，豊かに生きるための学びの追求を始めた単位制課程の教育」を発信しようと2004年から始めた公開教育研究会でのひとこまです。

　私たちの教育実践が，中学生の子どもをもつ保護者や市民の方々にどのように評価されるのか，独りよがりになっていないかを年に1回問う機会でもあります。少し成長した卒業生が母校を訪れ，過去のつらい体験も含め在学中の様子を語り，また参加者から共感や励ましの感想文をいただくことで，単位制の教育を見つめなおすきっかけにもなっていきました。

【実　施　日】
2006年9月23日
【パネラー】（所属は当時）
　今宿　　結（単位制課程2期生　2004年度卒業　立命館大学2回生）
　田中　貴文（単位制課程1期生　2004年度卒業　専門学校2回生）
　南部詩央里（単位制課程1期生　2004年度卒業　京都外国語大学2回生）
　中西　優介（単位制課程2期生　2004年度卒業　龍谷大学2回生）
【コーディネーター】
　春日井敏之（立命館大学教授）

春日井　単位制課程が近江兄弟社高校に開設され6年になります。6年経ったら，その内の3年間ないし4年間を語っていただけるような卒業生がパネラーとして出てきたということです。これはすごいことだと思います。きっと率直に，単位制課程に対する注文や，3年間ないし4年間の意味だとか，いろんな話をしてもらえるのではないかと期待しています。

　まずは自己紹介をしていただいて，その後単位制での生活と学びについて話していただきます。それから現在の大学ないしは専門学校などでの学びや生活，あるいは将来のことについてもう一巡させていただきます。そして，私の方か

パネルディスカッションの様子

ら２，３質問させていただいて，その後フロアのみなさんに意見やご質問をお願いしたいと思っています。どうぞ，よろしくお願いします。それでは，簡単に自己紹介をお願いします（卒業生の所属は当時）。

　今宿　単位制課程の第２期生で，２番目の卒業生として，２年前に卒業しました。今は，立命館大学の文学部の人文総合科学インスティテュート総合プログラムというところで勉強しています，今宿結と申します。どうぞよろしくお願いします。

　田中　第１期生の入学になります。卒業年度は今宿さんと同じ2004年度になるんですけれども，今はヒューマンアカデミー・フィッシングカレッジというところで，釣りの勉強をしています。田中貴文です。

　南部　第１期生で，今は京都外国語大学外国語学部ドイツ語学科の２回生の南部詩央里です。よろしくお願いします。

　中西　単位制第２期生で，龍谷大学文学部英語英米学科で，英語を勉強しています，中西優介です。よろしくお願いします。

　春日井　私は，立命館大学の春日井と申します。よろしくお願いします。では初めに，今宿さんから，単位制の生活や，そこでの出会いや学びを振り返っていただいて，自分にとっての意味などについてお話しいただきたいと思います。

（1）単位制の３年間は一生の宝物

①３年生の終わりにはもう卒業したくなかった

今宿 私にとっての単位制の３年間はですね，もちろん勉強とかそういう面でもすごく成長したし，とても重要な３年間でした。でも私にとって，この３年間で一番しんどかったことというか一番気をつかったことというのが，やっぱり人間関係なんです。私は中学校１年生の11月くらいからずっと普通には学校に行ってなかったんですね。週に１度くらいふらふら～っと行ってふらふら～っと帰ってくるという生活をしてたので，当然そうなると，付き合う友達が常に固定メンバーで，５～６人でしゃべれば多いほうという感じで，いつも同じ人といたんです。

だから初対面の人とか，あまり親しくない人とか，そういう人とどういうふうに距離をとっていいのかとか，何をしゃべっていいのか，要するに自分をどれだけ相手に見せていいのか，相手をどういうふうに理解していくのかということを，２年間の間にだんだん忘れていって，距離のとり方がすごくわかりづらくなってたんですね，気がつけば。

それは今だから「あぁそうやったな」って振り返って思えるだけで，当時は全然そういうふうには思ってなかったんですけれども。

だから単位制に入学して最初のうちはですね，まずは学校へ行くという習慣をつけるのも大変だったんですけれども，それと同時に，友達，クラスメイトとしゃべるということに対してすごくドキドキしてたんです。どれぐらい距離をとってしゃべるとか，そういうことを無意識のうちにすごく気にしてたんですよ。全然その自覚はなかったんですけどね。

だから，４月のうちは頑張れても，５月のなかばに体育祭があったんですが，それを過ぎたあたりから，「しんどいな」っていうのが溜まってきたんです。なんかもう頭いっぱいいっぱいな状態で，もう少しつめこんだらドッカーンと爆発するって感じになったんです。

そうなって，１日だけ休んだんですね。で，その１日は学校のこと考えんと，とりあえず好きなことして過ごして，昼まで寝て，ぼーっとして起きて，マン

ガ読んで本読んで，ごろごろしてテレビ見て，ごはん食べてお風呂入って寝るってことをしたら，ちょっとスッキリしたんですよね。だれかとしゃべるっていうこともいらへんし，自分の気の向くままにふらふら～っとして過ごすっていう。

　それでちょっと自分のなかに溜まってたものを出せた。乗り越えたわけじゃないんですけれども，ちょっとだましだましやる技を身につけたんです。ちょっとイヤな授業とかサボったりね，「あぁもうめんどくさー」って思ったら，わざとちょっと遅刻してみたりとか。そのうちにだんだん，どういうふうに友達としゃべったらいいかとか，何をしゃべったらいいかとか，どういうふうに相手の気持ちを感じたらいいかを思い出してきて。そうなってくると，いろんなことしゃべれる友達もできてきて，2年生の半ばぐらいからですかね，すごく仲のいい子ができて，その子らとばっかりつるんでて，そうなるとめちゃくちゃ楽しくなってきてですね，3年生の終わりぐらいにはもう卒業なんかしたくなかったですね。

　小学校も中学校も，「とりあえずさっさと終わってくれ」だったんですよ。学校行って思うことは，「あぁ家帰りたい」だったんです。朝起きて思うことは「あぁこのまま夜になればいいのに」ってことだったんですよ。夜寝る前に思うことは「あぁこのまま朝が来んかったらいいのに」だったんです。それがですね，高校3年生の終わり頃は，学校行ったら「あぁ帰りたくないなぁ」とか，「友達とこのままどっか遊びに行きたいなぁ」とか。

　それが今でも，大学で新しい友達関係をつくる時に，ちょっと自信になったと思います。

　春日井　ありがとうございました。ところで，今宿さんは，なぜ近江兄弟社に入ったんですか。

　今宿　父の紹介ですね。父が中学校の教師をしていて，こういうのがあるでって。北海道の北星余市高校という学校もありますね。そこも父が探してきて，見に行ったりしたんですけれども。さすがに，北海道での高校生1人暮らしして，ただでさえ私は学校に行けてないし，もともとアクティブなほうでもない

ので，ちょっと無理やろうと思っている時に単位制のことを知って，ここのほうがいいと思って決めました。

春日井 わかりました。近くにあって良かったですね。私も去年ゼミ生を連れて北星余市高校を訪問したんですよ。今宿さんは，自分なりの「かわし方」や「しのぎ方」とか「調整の仕方」を，1日休みんだり，あるいは適度に気を抜くことも覚えながら身につけて，自分のペースで3年間学んだのではないかということを思いました。では，田中君お願いします。

②学校へはまったく行かず家でパソコンか釣りばかり

田中 僕は中学校2年から3年の半ば頃まで不登校で，ほとんど何もしなかったんですけども，その約1年半の間にフリースクールに行って，だんだん学校に対する考えが変わって，少し学校へ行こうかなと思って，中学校の修学旅行には行きました。それから学校へ行くようになりました。

卒業の少し前に母から単位制課程があるということを聞いて，高校は出とかなあかんと思って単位制に入ったんです。基本的に不登校の人が多いんですけれども，1期生は入学当初は18人いたんですが，それが入学式から3日目には10人前後になりまして，この先大丈夫かなと。もしかしたら2年後くらいには1人で授業を受けなあかんのかなと思いました。友達もできて，同じような境遇というか，傷にふれ合うこともなく，1年目はちゃんと学校に行って単位を取っていたんですけれども，2年目からは全然勉強がわからなくなって，学校が楽しくないってことで，行かなくなってしまったんです。それで，3年の終わりまで学校へまったく行かず，家でパソコンか釣りばかり行ったり，家にこもってたりしていました。

高校4年生になるってことで，ここはちゃんと卒業しとかんと，自分の将来のこともあるしということで，2期生の授業に出て，4年目で卒業しました。1年生の時に単位を23単位しか取らなくて，2年目3年目と取った単位は1単位か2単位。それで4年目に入ったんですが，先生方のご協力を得て，放課後のハイブリッド科目などが4年目にはできまして，そこから単位を取ることに

して，前代未聞の56単位を取りました。1週間，月から土曜日まで学校に来て勉強して，無事卒業させてもらいました。

　春日井　ちょっとすごいですね。2年間まったく行かなくて，後の1年間でそのエネルギーを爆発的に出せたのは，なぜだったんでしょうか。

　田中　やっぱり，4年目ってなるともう周りの環境が変わってくるんですよ。同じ1期生でも数人が4年生として残っていて，その友達と授業に出たりしていたんです。1人で4年目となったら来てなかったかもしれません。

　春日井　1期生で入った友達がいたわけですね。一緒に卒業しないと，ほんとに1人になっちゃうかもしれないと思った。やればできるもんですね，すごい。次は，南部さんお願いします。

　③1年以上，一歩も家から出なかったことも
　南部　私は小学校5年の後半から，いじめで学校へ行かなくなりました。それで，そのままずっと卒業式も行かずに卒業して中学校に入ったんですけれども，中学校は環境も変わって，1年は毎日行っていたんですけれども，2年の夏休みからまたいじめで，行かなくなりました。それからもう1日も学校へ行かずにいたんですけれども，ずっと行ってない間は家にひきこもっていました。1年以上，一歩も家から出なかったこともありましたし，食べ物を口にするということもできなくなりました。

　友達が毎日時間割を届けてくれるんですけど，毎日来られるのが苦痛で，会いたくない，顔も見たくない，声も聞きたくないっていう状態になって，先生の訪問も苦痛になりました。はっきり言って，先生というのを恨んでいました。そんななかで，3年生になると進学ということを考えなければならないと思いまして，いろいろ考えてみたんですけれども，出席日数がどうしても足りないので，普通の高校では受け入れてもらえるところもないし，入学しても通う自信がなかったんですね。そんな時，紹介されたカウンセラーの先生から，単位制がつくられるというお話を聞いて受験して，ここしかないなというふうに思って入学しました。

入学してからは，さっき田中君も言われましたように，1期生は当初18人という人数で，3日目から半分くらいは来なくなっていって。人に対する免疫がない私にとっては，その状態がすごく心地が良かったですね。あまり人と接するのに慣れてないので，あまり大勢の人がおられるとやはり苦痛で，体調が悪くなってしまうので，教室のドアを開けたら時には先生と1対1の授業というのも，そんなに苦痛ではなかったです。

　2年になって，新入生が40人くらい入って来られてすごく騒がしくなったんです。今までは，出席が10人以下のクラスで，すごく静かな感じなのに，突然3，4倍くらいの人数が入ってこられて，ものすごく苦痛だったんです。それで徐々に学校から足が遠のいて，そのまま2年生の3月くらいまで行ったり行かなかったりを繰り返していたんです。ある日学校へ行って，何気なく職員室で自習をしていたんですね。そしたら安藤先生が来られて，さらっと4年目の話をされたんですね。まだ1年あるのにどうしてだろうと思って，そこでもうキレまして，藤澤先生と安藤先生と母と4人で，やめるだのやめないだのという話をしていたんですけれども，やめて他の学校に入っても，また友達関係を一からというのは難しいなと思いまして，残ろうという決意をしました。

　3年になって，当然また入学生が増えます。2期生を相手にして多少免疫ができてきたので，徐々に慣れつつ，行事から始めてだんだん授業に出られるようになりました。4年になってからは，やめる人も出てきて9人になりました。9人になってもやはりちょっと来られないという子もいて，結局は4人くらいしか常時いませんでした。それもあまり大人数ではないということがすごく心地良くて，4年になると大学のように，落とした科目だけ，1年生や3年生のところに入るという感じになるので，空き時間も多くて，来ている4人と空き時間に話して仲良くなったり，卒業する時には，卒業したくないなというふうに感じるほど，毎日がすごく充実していて楽しかったですね。そんな空き時間のなかでも友達と話したり，趣味で始めたドイツ語や検定の勉強とかをして，ほんとにすごく充実した毎日でした。そんな4年間でした。

　春日井　じゃあ，南部さんにとって，この200人くらいの前で話すって，大

変なことなんですね。ありがとうございました。では，中西君お願いします。

④変われた"高校生活"

中西　さっき南部さんが，2期生が40人入ってきてうるさくなったと言われていましたが，その原因は僕と僕の友達だと思うので，そこは謝っておきます。すみません。

　僕は，小学5年の時から不登校になり，約5年間ほど学校には行けなくて，特に中学3年の時は心身ともにボロボロで，2月くらいにはもう入院しないとやばいっていうくらいに体重が落ちてしまって，結局は単位制の1期生の入試は受けられなかったんです。浪人って言葉がありますけれども，僕は高校入学を浪人しているんで，1年遅れるんはいややなと思ったんですけども，やっぱり高校には行っておきたいなと思いました。高校浪人の間に，入院もしていて身体もだいぶ弱っていたし，勉強のほうも5年間行ってなくてすごくわからない状態だったんで，近くにあったマンツーマンで教えてくれる塾で1年間勉強して，そこへ通うことで体力もつけて，2期生として単位制に入学させてもらいました。

　入学式なんですけれども，学校には行ったんですけれども，僕は入学式には出られなかったんです。来ていた母が，「うちの子がおらへんねん」って友達の親にかなり真剣な顔してたそうで，僕よりもいっぱいいっぱいだったんじゃないかなと思います。そんな波乱のスタートだったんですけれども，そこからスタートさせてもらったんです。

　やっぱり学生生活を送るなかでは友達がほしいなと思いましたが，5年間学校へ行ってなかったので，学校の行き方，ましてや友達との接し方なんていうことすらもほとんどわからなかったですね。せっかく入学したんやから，やっぱり自分はちょっとでも変われるんじゃないかな，変わりたいという気持ちがわいてきまして，隣にいた子に，一言を話すにはすごく勇気がいったんですけれども，でもその一言を話したらすぐに打ち解けて。それはやっぱり，みんな何かしらの理由で不登校だったということで，同じ境遇だったからこそわかち

合えたのかなと思いますね。そこからどんどんと友達の輪が広がって，先生にも目をつけられるようなワルガキ集団で，しょっちゅう怒られていましたけれども，ほんとに一時期人見知りの激しかった僕ですから，すごくうれしかったです。

　学生生活のなかで僕は，今まで行ってなかったので，学生生活を積極的にエンジョイしたいなと思っていました。近江兄弟社では体育祭が5月にあるんですが，「なんでこんなに早いねん」とか思ったりもするんですけども，僕は体育祭委員をさせていただきました。出たくないという子もいるので，人数を集めるのもしんどかったんですが，こういう活動をしたことで，人と接するというか，相手と話す機会が増えて，僕はこの体育祭委員をしてよかったなと思って，結局3年間この体育祭委員をさせていただきました。

　勉強のほうに関しては，普通の授業もありますし，放課後のハイブリッド科目というのもありますし，単位の取り方はいろいろあるんですけれども，英語や漢字などの検定を取っても単位を修得できるっていうのがありまして，これなら一石二鳥じゃないかと。これは自分のためになるんやなと思って，僕は英検とか漢検とかで単位を取らせてもらったかなというのがあります。

　3年間の単位制の生活，ほんとにこんなに短い3年間はなかったなと思います。やっぱり過去のつらい苦しみがあったからこそ，この3年間がすごい充実したんやなと。卒業したいがために入った高校だったのに，卒業したくない，もっとこの連中と一緒にこの学校にいたいっていう，そういう気持ちがある自分に驚きました。卒業してからもやっぱりみんなと遊んだりしゃべったりして，この単位制の3年間は僕にとっては本当に一生の宝物ですね。

春日井　ありがとうございました。それぞれ小学校・中学校と長短の違いがありますけれども，いろんな理由で学校に行けなかった時期があること，それを抱えながら単位制課程に入学して，3年間ないしは4年間で卒業していったということでした。共通して語られたのが，「卒業したくないって思った」という言葉でした。本音で，そういう出会いがあったみたいですね。このあたりは，後でうかがいたいです。

次に，今現在，それぞれが大学あるいは専門学校などで頑張っているわけですけれども，現在の生活や学び，あるいは将来の希望，そんなことについて話していただきたいと思います。

（2）現在の生活や学び，将来の希望
①おぼろげながら道が見えてきた
　今宿　私は，立命館大学の文学部人文総合科学インスティテュート総合プログラムというところにいるんですけれども，そこにAO入試で入ったんですね。アドミッションズ・オフィス入試という特別入試です。私は2000字のレポートと自己PR文みたいなのを送って，それが1次審査でした。その1次審査に受かったら，2次審査で実際に立命館大学へ行って，与えられたテーマでの2000字の小論文と面接だったんです。
　AO入試を選んだ理由は，私は単位制の2年生と3年生の時にクラスリーダーと代議員をしていたり，単位制の説明会みたいなところでしゃべったりしていたんで，ちょっと人前で話すことに自信があったんです。それと，文章を書くのも好きだったし，受けたんですね。そんな感じで入学したんですけど，はっきりいって，私は変化に強いほうじゃないんですね。環境の変化とか。あんまり切り替えが早いほうではないので，過去のものにしばられてみたいに。だから，受かった時はめちゃくちゃうれしかったんですけど，入学が近づくにつれて，だんだん変化するのが怖くなってきました。当然人間関係もまた作らんとあかんし，はっきりいってどうなるかわからんし，大学なんて行ったことないし。入学前は一瞬「入学取り消してくれていいから，行きたくないわ」と思ったんですけど，そう思ったとしても実際に行きたかったところやからって思ったんですね。
　行ってですね，あまり思ったほどしんどくはなかったです。でもやっぱり，今まですごく仲の良かった友達ともなかなか会えなくなったし，疲れもたまっていたりして，京都駅までは行っても，そのまま逆方向のプラットホームから電車に乗って家に帰ったこともあります。そういうことを繰り返しつつ，なん

とか行っていました。

　そもそも私がなんで総合プログラムを選んだかというと，私は何がしたいんかわからなかったんですよ。将来の夢とかで，看護師さんになりたいとか先生になりたいとか，私の友達は臨床心理士になりたいとかデザイナーになりたいっていう人もいますけど，私は「これや」っていえるものがなかったんです。というか，なりたいものがわからなかったんです。だからとりあえずいろいろ勉強したらなんか決まるんかなと思って入ってみたんです。結論から言いますと，どういう仕事に就きたいのかっていうことは，なんとなく見えてきたかなぐらいなんですよ。だから今，「将来のために何かしてますか」って言われたら，「いやぁ，いまだに暗中模索です」と答えるしかないんです。

　大学1回生のうちはとりあえず毎日を過ごすことで精一杯でした。最近になってですね，もう1回自分が何が好きなんかをちゃんと考えてみようと思って，それで自分の好きなものが見えてきたんですね。子どもが好きやし，本を読むのも好きやし，文章を書くのも好きやし，絵を見るのも好きやし，音楽聞くのも好きやと。それが見えてきた時に，「じゃあ何をしよう」と考えられるようになった。今やっとそれが見えてきたところなんで，まだみなさんに対して言えるほどの強いものは持ってないんですが，それが見えてきた。今の私はそんな感じですね。

　春日井　ありがとうございました。何が好きなんやろうと考えて，おぼろげながら道が見えてきたような気がすると。結構大事ですね。「何が好きなんやろう」と考えて，好きなことにこだわっていく。そして，それが仕事に結びつくかどうかはまだ確定的ではないと。好きなことが仕事に結びついたら，こんなに幸せなことはないでしょうね。それでは，田中くんお願いします。

　②好きなことを仕事にするために

　田中　僕は，ヒューマンアカデミー・フィッシングカレッジという専門学校に入りました。その前に1年フリーターをして，その学校に入ってやっていけるか，授業に出られるか，就職につながるかと，将来のことを考えました。単

位制卒業後１年間フリーターをして，就職を考えて入学を決意して，フィッシングカレッジ・ルアービルダー専攻に入りました。

　そこでは，就職を考えて授業などがされているので，こういう大勢の前で話すとか，自分のレポートをクラスの前で発表したりとかもあります。ルアーメイキングという授業がありまして，そこの先生がルアーメーカーの社長でして，就職に向けて努力しております。

　春日井　はい，ありがとうございました。ルアーをつくってそれを仕事にしていくと。では南部さん，お願いします。

　③納得していない進路，けれど自分のスタイルを見つけた
　南部　私は，京都外国語大学外国語学部ドイツ語学科に在籍しているんですけれども，中学校の時から英語が得意で，英検の何級かが取れたら他の言語も習ってみようと，ずっと思っていました。高校１年の時にフランス語を最初やろうと思ったんですが，文法が難しいと聞いたんで，じゃあ，ドイツ語でいいかなというふうな感じで始めたんですけれども。それがすごく楽しくて，受験とかでできなかった間もあるんですけれども，ずっと続けていました。

　大学受験を考えた時に，英語かドイツ語か選択をしなければならなかったんですけど，４校大学を受けまして，そのうち２校が英語学科で，残りはドイツ語学科というふうに受けましたが，英語の２校は落ちました。でも落ち込んでたら，まわりの人から「本当はドイツ語でよかったんじゃないの」って言われまして，完全に納得はしていないですけれども，まあ仕方ないなということで通い始めました。

　高校に４年行っているので，入学してまわりも年下ということになります。それで，まわりの人に対して，ものすごく壁を作っていました。いまだに，同級生の友達はほとんどいません。いざ授業になると，もちろんドイツ語なので，会話や文法とかがあって，会話の授業では完全にネイティブの先生が教えてくださるんですけれども，やっぱりドイツの方は厳しいというか真面目な感じなので，できなかったりすると，結構きつく言われますね。発音ができなかった

ら立たされっぱなしとか，そういうこともよくあるんですけれども，そんな授業もあって，いちいち落ち込むんですよね。トイレでこっそり泣いたこともありました。それで徐々に足が遠のいていきました。

けど，やっぱり留年はまずいなと思いまして，親にも高校私立4年で，大学も私立と，お金がかかってばかりなので，留年だけは免れたいなと思いまして。それで，学科長の先生に言いに行ったんですね。今までの状況を話して，人に対する免疫がないこと，あんまりきつく言われるとすぐ潰れてしまうということを話しました。そしたら，すごく理解がある先生で，教えていただいている授業全部ではないですけれども，担当の先生に言ってくださいまして。それで徐々に理解してくださる先生も増えてきている状況になってきています。それから，大学なのでサークルに入ろうとカウンセラーの先生に勧められまして，ドイツ語研究会に所属しているんですけれども，そこでたくさん友達ができて，だんだん授業に出られるようになりました。

春日井 はい，ありがとうございました。南部さんの話を聞いていると，不登校を克服するということは，今の自分を否定して新しい自分を生み出していくということではなくて，自分のスタイルを「私はこんな人間なの，こんな課題もあるけどね」ととらえて伝えていけることだと思うのです。そのことで，人とつながっていくこと。それが，克服していくということじゃないかなと思うんですね。全く新しい自分を生み出すことじゃなくて，今ある自分を認めて上手に付き合っていく。その自分をきちっと相手に伝えてつながっていく。そういうことを苦労しながらされていると思いました。では，中西くんお願いします。

④文化人類学，教師と夢は広がり

中西 僕も先ほど言いましたが，龍谷大学文学部英語英米学科に行っているんですが，最初英語は嫌いでした。僕は5年間学校に行ってなかったんで，特に中学ぐらいになって英語っていうのはいっぱい勉強していくので，正直アルファベットが書けなくて，最初から英語はできませんでした。

でも，スポーツが好きで負けず嫌いというか，それで英語に負けるのは嫌やということで，英語を必死に勉強したっていうか，いつの間にか英語が一番好きな科目になっていました。「わかる」っていうのは，こういうものかなというのがわかってきました。

　でも，高校は楽しかったので遊んでばっかりで，浪人をしてしまいまして，今は大学に行っているんですけれども，そこでは英語の授業を受けたり，その他の歴史などの授業も出ています。野球のサークルもしているんですけれども，僕は高校浪人と大学浪人をして2年遅れているので，入ったサークルのキャプテンが僕より年下ということで，「そんな敬語使うなよ」とか「俺の方が年下やのに」とか言われるんですけれども，やっています。また，僕は浪人の時に人類学っていうものを学びまして，それは人を研究するという学問なんですけれども，人は64億人もいて一人ひとり違うものなので，全員を把握することは不可能だと思うんですけれども，人は尊いものだっていうことに興味をもちました。偏見とか見た目では判断してはいけないという視点から，将来文化人類学の研究者を目指して頑張っています。

　僕にはもうひとつ夢があります。高校浪人の時に通っていたマンツーマンで教えてくれる塾がすごくわかりやすくて親身になってくれたので，教えられていた僕がその塾で今アルバイトをしているんですけれども，やりがいがあると思って前向きな気持ちでやっています。教えられていた者が，今度は教える立場にもなれるということで，頑張ればなんとかなるということを，ちょっとは実証できたかなと思っています。僕もやってみて初めて，教える苦労を知りました。先生たちの苦労がすごくわかった気がします。将来，単位制の先生のような教師になりたいです。

　春日井　ありがとうございました。

（3）友達との出会い，先生との出会い

　春日井　ということで，小中学校の頃の話から，単位制の話，今現在の話をしていただいたんですけれども，少し話を単位制課程に戻したいと思います。

この単位制課程での３年間あるいは４年間でのみなさんと仲間との出会い，それから，非常に個性的な若々しい十数名の先生方との出会いがあったと思うんです。

　他方では，今宿さんの冒頭の話にもありましたが，単位制に来て友達関係ができれば，当然トラブルも起こると思うんです。決していいことばかりじゃなかったと思うんです。そういうことも含めて，仲間や先生方との出会いが自分にとってどんな意味があったのか，話してもらいたいと思います。こんな一言，こんな対応で励まされたとか，こんな対応でつらかったとか，後輩のためにこうしてほしいといった注文も含めてお願いします。

　①愚痴が言える先生，遠慮なく言い合える友達関係
　今宿　友達関係はやっぱりスムーズにいくというのはすごく難しいと思うんですね。私も実際トラブルもありましたし，その時はすっごくイライラして，もうちょっとでキレそうになっていたこともあったんですよ。仲がいいから逆にイライラするっていうこともあります。仲がいいって一歩間違うと依存的になっちゃうんですよね。一方的に寄りかかられるとか，逆に寄りかかってしまうとか。私の場合はどっちかっていうと依存されているという感じだったんです。そういう時に，放課後１時間ぐらい担任の先生に散々愚痴ったんです。「こっちもこんなにしんどいのにいい加減にしてくれ」って，ぶちまけたんですよ。

　そしたら，ちょっとすっきりして。思えば今まで，先生にあんまり人間関係で愚痴って言ったことなかったなと思って。小学校の時は先生にはなんにも言ってなかったし，中学校の時の先生はすごくいい先生で，よくしてくれましたけど，愚痴が言えるような関係ではなかったですね。その当時もすごくいい関係の友達がいて，その友達には愚痴ってました。でも，友達に聞いてもらうのと先生に愚痴を聞いてもらうのはちょっと違うんです。その時に先生に愚痴を聞いてもらえたっていうのが，私のなかですごく大きかったですね。

　３年間の友達関係は，「あんた，アホちゃう」って言える友達ができたこと

が大きいですね。だって，関係が作れてなかったら，「アホちゃう」って言ったらトラブルが起こるでしょ。表面だけの友達相手に「あんた，ほんまにアホやな。何考えてるん」って言ったら，そこでトラブルが起こります。でも，私がすごく仲良かった子は「あんたアホちゃう」って私が言ったら，「いやぁ，さらにアホなあんたに言われたないわ」って返してきたんです。そういう友達ができたっていうのは，私が友達を信頼できて，私が「友達が私を信頼してくれてる」っていうことを信頼できる。この関係を築くことができるようになったっていうことだと思います。

②先生たちの協力で卒業できた
田中 4年間学校へ来たんですけど，3年生の時の担任が安藤先生で，そのまま4年生になっても安藤先生が担任だったんですけれども，本当に親身になってと言いますか，卒業までに56単位あるっていうことで，真剣にいろんな単位を取る方法を教えてくれて，無事卒業ができるようになりました。
　最後の最後に2単位足りないっていうことで，検定を受けて2単位なんとかとった。そんな感じだったんですけれども，なんとか卒業させてもらいました。それが一番，この4年間でよかったことですね。友達関係は，1年の時からもともと気楽っていうか能天気なタイプなんで，友達とかはすぐできました。

③「そんなに頑張らなくてもいい」の一言
南部 先生に関して言えば，中学校の先生はほんとに恨んでたぐらい嫌いでした。受験の時に作文を書かされたんですが，テーマがいくつかあって，私が選んだのは「高校に入って何をしたいか」というようなテーマだったと思います。そこに「友達をたくさんつくりたい」とか「勉強を頑張りたい」というような内容を書いていたんです。それを藤澤先生に提出したら，読まれて一言「そんなに頑張らなくてもいいんじゃないか」と言っていただいて，すごく安心しました。こんな先生がかかわっておられる単位制だったら信用できると。安心して愚痴のようなことを言って迷惑かけたと思うんですけれども，何でも

話すというか，はっきりものを言えるようになって，ほんとに感謝しています。ありがたいなと思っています。

友達に関して言えば，クラスの人数がとにかく少ない。4年生になると，9人のところ結局は4人しか出席しないといった限られた人数なので，そんなにトラブルということはなかったですね。そこまで深い関係ではなかったからという見方もありますけど，だいたいみんな仲良かったと思います。

④勇気を出した最初のひと声から絆に

中西 友達に関してですけれども，3年間ずっと一緒だったので，すごい絆っていうか，いつも集まっているグループみたいなものがありました。最初は，僕は本当に内気で人見知りが激しい方だったので大変だったんですけど，最初の1人をつくってからは，一言が簡単にかけられるようになったかなと思います。そばに友達がたくさんいて，僕は友達には恵まれたなと思います。僕の家はほとんど民宿みたいになっていまして，毎週土日誰か泊まりに来てる，みたいな感じでした。一番広い部屋で6畳くらいなんですけれども，そこで8人とか雑魚寝で，すごい状態でした。

先生方とは，職員室がありますけれども，中学校の時とかは，職員室はすごく堅いイメージがありまして，入るのがちょっと嫌というのがあったと思います。単位制の職員室は気軽に入れて，先生も「おお，何しに来たん」みたいな感じで聞いてくれるんです。逆に僕は，入りすぎて怒られたほうかなと思うんですけど，職員室に入るのがすごい気楽っていうところがよかったですね。担任や他の先生方の出す課題のこともあって，先生と接する機会が多く，やっぱり先生には親身になってもらうことが多かったと思います。

（4）親と子の距離感――保護者の対応について

春日井 はい，みなさんありがとうございました。ここで一区切りつけまして，この際せっかくの貴重な機会ですので，フロアのほうから，4名の方に質問や感想などいただけたらありがたいと思います。いかがでしょうか。

保護者　学校に行けない時があったと聞きましたけれども，親の対応というか，家族，特に親の対応をお聞きしたいんですけれども。やっぱり親はどうしても行かせたいという気持ちがありますので。出さないようにしているつもりだけど，子どもは敏感になりますので。そのところ聞かせていただけたらと思います。

　春日井　今，触れることがなかったテーマですね，ありがとうございます。いい質問をいただきました。では，4人とも共通していると思いますけれども，行かなかった時とか調子悪かった時とか，頑張ろうと思ってきたけれども，期待に応えられなかった時とかですね。親とのかかわりで，落ち込んだり支えられたり，こんなふうに付き合ってきたといったことを少しお願いします。

　①目線だけですませてくれた
　今宿　先に謝っときます。今日は，私の目の前のずっと奥に，母が来ているんです。お母さん，ちょっとごめんね。私の場合，中学校に行かなかった時は，親は言葉では言わないんですよ。ご飯の後食器を洗っている時とかに，じーっと目線が来るわけですよ。なんとなく，ちくちくと感じるんですね。だからなるべく，顔を合わせないようにしていました。

　もしもそこで「なんで行かへんの」って言われたら，私は週に1度も行ってなかったし，高校行く決心もつかなかったと思うんですけど。目線だけですましてくれてありがとう。目線だけやったら，こっちのこと気遣ってくれているっていうのはわかるんです。たまに「行け」って言われると，「誰が行くか」とか，1人で部屋のすみっこでぶつぶつ言っていたりとか，ちょっと危ない人になっていたりするんですけれどもね。

　父親はですね，中学校の教師をしていて，不登校の生徒さんとかもおられるんで，そういうところではあんまり何も言いませんでしたね。顔を合わした時にも，あんまり「どうや」とかは聞かなかったですね。ちょっとは聞かれましたけど。逆にそれがありがたかったです。「どうや」って聞かれても，どうともこうとも答えられない。だから「どうや」とか「調子どうや」「今日何して

たん」とか，あまり聞かれなくてありがたかったですね。

②「行け」と言わず見守ってくれた
　田中　僕は，中学2年から行かなくて，その時，親からは「学校へ行け」と初めのうちは言われていたんですけれども，だんだん気持ちをわかってくれるようになって。学校に行かなくてもいいけど，家から出ないとそのまま家にずっといたままになってしまうということで，フリースクールに行くようになりました。
　それからですね，あまり学校に行けと言われることもなく。すごく心配はしていると思うんですけれども，そんな感じをさせずに，ただフリースクールに行くのを見守ってくれていたっていう感じでしたね。高校はすごく気ままで，勉強がわからない，そういう理由で行かなくて。でも今度は何も言われませんでした。行けとか。ただ，「将来どうなっても知らんで」って。
　春日井　言われとるやないか。
　田中　将来のことは，まぁそれぐらい。4年目行くんやったらちゃんと卒業しろ，ぐらいで。それ以外は別に言われた記憶はありません。
　春日井　やっぱり，言われとるやないか。

③でもすごく感謝はしています
　南部　すみません，私の親も来ているんですけれども。この際なんでいろいろと。母に関しては，小学校5年で行かなくなった時も，毎日私が学校に行く行かないってやっていると，泣き出すんですね。「もうこんな学校へ行けない子はおしまいだ。一緒に死のう」とか，そういうことを本気で毎日言われて，学校行ってからも「お母さん自殺していたらどうしよう」とかそんなこと考えていたんです。小学校6年になって行かなくなって，徐々に母も諦めたのか理解してくれたのかよくわからないですけれども，何も言わないようになって。そのまま中学校に入学して，それから学校へ行かなくなっても特に変わりはなく，何も言わなかったですね。

高校に関して言えば，入学して３日目ぐらいに休んだんですけれども，その時は母もいろいろ溜まっていたのか，「また行かなくなるの」とはっきり言われまして，ちょっと喧嘩もしたりしたんです。その後は，私の調子を見ながら理解してくれました。だけど，私の親も「どうなっても知らないよ」「４年行ってもお金は出さないよ」と最初は言いました。

　父に関して言えば，父はチクチクチクチク嫌味を言うようなタイプで，「あれ，今日も行かなかったの」って会社から帰ってきて言われて。「勉強してるの」とか，そんなことばっかり言われましたね。それは今も続いています。妹が１人いるんですけども，妹はだいぶ学校で「お姉ちゃん元気」とか，行ってないと言われて苦しんだみたいなんですけれども。でもそんなことは見せないで，「お姉ちゃん，毎日日曜日でいいね」とか言うようなキツーイ妹でした。そんな感じですが，でもすごく感謝はしています。

　春日井　あなたが自分の気持ちを言えたことと，最後の一言で，お父さんもお母さんも妹さんも，きっと喜んでくれていると思いますよ。

　④親が思う以上に子どもも親を見ている
　中西　僕は高校は順調に行けていたんで，中学生の頃行けてなかったことに関して言わせていただきます。中学の時は，やっぱり親は不登校っていうものを初めて体験したので，それがどういうものかわからなかったので，とりあえず行かせなあかん，行かせなあかんっていう気持ちでした。特に父はすごい引っ張って，僕は玄関にしがみついて。そしたら父が，「こんなに引っ張っているのに，お前そんなに耐えられるんやったら，そんな耐える力あるんやったら行けるやろ」と言って。でもやっぱり行けない力が勝ってしまったのか，行くのは嫌やったんで，そういう日々が続きました。

　でもやっぱり，いきなり行こうとさせても，何事にも段階があるのかなと思います。すぐに行くんじゃなくて，今日はこれができたからほめる，今度は次のステップにいってほめるというふうに。いきなりジャンプさせるんじゃなくて，やっぱり「ホップ・ステップ・ジャンプ」とあるように，徐々にいくのが

いいのかなと思いますね。

　あと，親のほうは子どもの調子を結構気遣うと思うんですけれども，子どものほうも親の調子を見ているというか。だから，僕も行けてない時は，親がちょっと機嫌悪いとかそういう時があったら，やっぱり僕のせいかなとかそんな感じで思ったりしたんで。親が思う以上に子どもも親を見ているっていうことですかね。

　春日井　ということで，時間がきてしまいました。ずいぶん貴重な話が伺えたと思うんですけれども。親も，不登校の子どもと出会って，いきなり「良い不登校の親」になれるはずないですし，また，ならなくていいんです。だから，親も生身の自分，未熟な自分を，子どもにぶつけるだろうし，子どもも，生身の未熟な自分を親にぶつける。そんな大事なかかわりが，初めにひとつあるんですよね。そのなかから，お互いが安心・安全な距離の取り方を少しずつ覚えて，「気にしているよ」というメッセージを出しながら，様子を見守る。そういうステップを踏んでいるように思いますね。

　今日の4人の話から共通して出ていたことは，負の感情とか体験を家庭や学校で出せることの大切さです。学校で先生に対して，家庭で親に対して，「腹立つ」「しんどい」とか「僕かてつらい」とか「お母さんのこと好きやけど，こういうとこは嫌いや」とかが出せる。4人の青年たちも，まじめないい子なんですよ。小中学校では，「愚痴を言わなかった」と言っていたでしょ。それが，「いい子じゃない」「お母さんやお父さんが期待するようないい子じゃない」と言えて，やっと自分の一端が出せる。

　宇治の「親の会」で行ったシンポジウムで，不登校経験をもつある学生がこんな内容の発言をしてくれました。「中学1年の時，友人関係のトラブルがきっかけで不登校になった。中学3年は何とかがんばって，高校は公立へ入ったが，そこでも調子が悪くなって，1年で出席日数が足らなくなってやめざるをえなくなった。それで私立単位制高校に編入した。公立高校をやめる決断をする時が一番しんどかった。その時に家で，もう3年も前のことだけれども，『私が学校行けなかったのはあの人のせいや』と，抑えてきた感情が爆発して，

母親に初めて言ってしまった。母親は，それを黙って聞いてくれた。それで，自分が中学校からひきずっていた思いがふっきれた」と言うんですよね。

　だから，言っても今さらどうしようもないことかもしれないけれども，言っても自分でなんとかしなくちゃいけないことなんだけれども，それが誰かに出せることで，問題に区切りがつけられたり，冷静に向き合えたり，振り回されなくなったりするんです。話を伺いながら，4人のみなさんも，同じようなことをそれぞれしているんだなということを思いました。

（5）トラブルは成長のしるし——未熟さが出せてぶつかり合えて排除されない

　春日井　友達関係についていえば，小中学校と不登校で，ブランクがあるわけです。今，単位制の先生方と事例検討会を毎月1回，一緒にやっているんですが，子どもが登校し始めたとたんに，友達同士のトラブルなどは当然起こるんですよ。特に女子の方が多いですね。男子はわりとあっさりしているんですけれども，これも課題です。女子のトラブルが結構あるんですが，よく考えたらそこで人間関係を結ぶ練習をしているんですよ。トラブルが起こるってことは，自己主張をするからでしょ。だから，自己主張をせずに自宅でこもっていた子どもたちが学校にまで来られるようになって，トラブルが起こせるってことは，成長のしるしじゃないですか。

　このように，いろんな失敗のなかから，双方の子どもたちが成長してもらえるといいなと願いながら，先生方と事例検討会をしているんです。お互いのもっている未熟さが出せて，ぶつかり合えて，それでも排除されない。こういう安心・安全な居場所があって，そのなかで人間関係が形成され，必要なソーシャルスキルが身に付いていくんじゃないかなと思います。そういう点では，彼らのペースで，3年間あるいは4年間守ってもらいながら，でも時々はおしりも叩かれながら，「やらなあかん時にはやるんじゃー」と言われながらやってきたから，今ここに座っているんじゃないかなと思っています。

　かといって，今日ご参加いただいたみなさん方のお子さんが，同じようなステップを踏んでいくとは限りません。それぞれの持ち味や課題があるからです。

しかし，やがてはここに座ってるような青年になっていくと思うんですよ。それは信じてあげてほしいですね，わが子ですから。「どんな時も味方だよ」というメッセージと，「気にしているよ」というメッセージを合わせて伝えながらね。そういったことは，子どもは敏感ですから，感じているんじゃないかなと思います。

　私は4人のお話を聞いていて，特に2つのことを思いました。1つ目は，学校が人間関係を結んでいくために，失敗付きの練習ができる場になっているということです。だから子どものトラブルは人間関係づくりや関係修復のチャンスにして，成長を信じて取り組もうということです。2つ目は，自分の弱さや負の体験や，あまり人には言えないような悩みや葛藤が出せる大人との出会いの大切さです。親との出会いなおし，先生たちとの出会いから，聞いてもらえたり，察してもらえたりすることが，実は大きな支えになっているということです。

　それでは，4人のパネラーから，最後に一言ずつお願いします。会場には，中学生，高校生，中高生の保護者，先生がいるでしょ。誰に向かってでもいいですが，一言メッセージをお願いします。

（6）出会いときっかけを与えてくれた近江兄弟社高校単位制

　今宿　私がこういうことを人前でしゃべれるようになったのは，ほんとについ最近のことなんです。それまでは，イライラした時愚痴を言ったりとか，友達なんかに対して，ドロドロの感情は言えなかったんです。最近やっと，だんだん自分のなかで整理がついて，言えるようになってきたんですよ。たぶん今すごく悩んでいる方とか，抱えて困っている方も多いと思うんですけど，友達とか仲間とか，そういう人と出会って，ちょっとずつでも解決というか，自分のなかで整理がつけられるようになることを願っています。ありがとうございました。

　田中　なぜ今日ここに呼ばれたのかよくわからないんですけど。ろくな話ができてないと思うんですが。ひとつ思っていることは，子ども自身にやる気が

なかったら，親が言っても子どもは絶対動かないと思うんです。自分にやる気がなかったら，やってもしかたないというのが今日の一番の感想です。でも，そのなかで，そのままでは何も変わらない。何かひとつでもきっかけがあれば，子どもとしては，前に進めるんじゃないかなと思います。そのきっかけをつくってあげられるように。それもすごく難しいんですけども，当たりさわりのないものを。直接「行け」って言うんじゃなくて，難しいですけど，子どもに「がんばれ」みたいなエールを。

　南部　無理に何かを子どもにさせたりしてもまったくだめなので，ちょっと動きそうかなというようなきっかけとか，ちょっと支えてあげたりとか，してもらうとすごくいいと思います。中学校の先生がおられたら，一言言いたいんですけれども。あんまり家に通わないでほしい，電話しないでほしい，あまり接しないでほしい，という人もいるので，その子どもの様子を見つつ，あまり突っ走らないでほしい。でも今は，単位制の先生とか，1期生の仲間とか，家族にはほんとに感謝していることに変わりはないので，温かく見守ってあげてほしいです。

　中西　僕も最初，不登校っていうのはほとんどマイナスイメージで，ネガティブなことばかりかなとも思ったんですけど，でも，もしも僕が普通のところに行っていたら，今この場には立っていないんじゃないかなと思います。やっぱり，不登校というすごく苦しいところを乗り越えられたからこそ，今ここに立って，こうやってしゃべっているのかなと思います。苦難をチャンスに，というのは難しいですけれども，不登校というのは，家族と一緒にがんばっていけるチャンスなんじゃないかなと僕は思います。普通に行っていたら，親にもそんなに自分のことを思ってもらえなかったかなと思うんですけども，不登校になったから，親はすごい親身になってくれて，接する機会も増えたかなと思っているので，子どもだけじゃなくって親の方も成長できるんじゃないのかなと。これは母が言っていたことなんですけども。

　この社会では不登校の生徒がいっぱい増えてくると思うんで，今日来られている方も，周りにそういう方がおられたら，またいろいろと聞いたり話したり

していってほしいです。

　春日井　どうもありがとうございました。まとめは今，中西くんが言ってくれましたね。第1に，みんな，家族にも友達にも先生にも感謝しているということが，発言のなかから伝わってきました。在学中，自分のことで精一杯の時には，思っていたとしてもなかなか出ない言葉です。第2に，子どもが親や教師に求めるのは，見守ることとちょっとしたきっかけだということも話されました。何が「ちょっとしたきっかけ」なのかは，先生も親も子どもを愛して見守っていたらわかるということです。第3に，不登校をしたことは苦しかったけれども，親子が出会いなおせて，お互いが成長できたのではないかということです。第4に，近江兄弟社高校単位制課程という居場所が，そのような出会いやきっかけを与えてくれたということです。

　今日は触れることができませんでしたが，単位制課程の「生徒ホール」の存在とそこでのラーニングアシスタント（LA）の学生達との交流の意義にも大きなものがあります。学校のなかに，教室だけではなく，生徒ホール，自習室，相談室，職員室といった多様な居場所が用意されていることは，子ども達にとって幸せなことです。

　最後に，4人のパネラーに対して，どうぞ大きな拍手をお送りください。ご苦労さまでした。

第2節　「単位制」での学びと成長
──Jump in 単位制：パネルディスカッション──

　「Jump in 単位制」とは「単位制の学校生活に飛び込もう」という意味です。公開教育研究会を発展させた単位制独自の学校見学会で，2008年から毎年1回開かれています。不登校や人間関係に悩み進路選択を迷っている中学3年生に，勇気をもって単位制に飛び込んでほしいという願いが込められています。

　単位制の1・2年生全員が合唱や学校生活の様子を発表するだけでなく，初めて体験授業を受ける中学生のサポートをしたり，校舎案内をしながら中学生

の疑問に答えたりもします。今回は在校生と卒業生（大学生と社会人）の語る単位制での学びを，中学生だけでなく，後輩の１・２年生も参加して聞きました。

【実施日】
　2009年9月12日
【パネラー】（所属は当時）
　西村　仁志（単位制課程３期生　2006年度卒業　社会人）
　中村　歩（単位制課程５期生　2007年度卒業　同志社大学２回生）
　宇田　明莉（単位制課程７期生　３年生）
【コーディネーター】
　春日井敏之（立命館大学教授）

　春日井　立命館大学の春日井です。今日は小雨の天気になりましたが，そうでなくても朝出かける時にちょっと迷われたことでしょう。予定されていて来られなかった方も，おられると思うんですね。そういうなかを中学３年生のみなさんや保護者の方々を含めて，よく来ていただけたなと，感謝申し上げます。

　今日は，在校生，大学生，社会人という３名の先輩をパネラーにお招きしてお話をうかがい，私がみなさんにいくつか質問を投げかけるという形で，展開していきたいと思っています。じゃあさっそくですけれども，現在３年生の宇田明莉さんから口火を切っていただいて，可能な範囲で中学校の生活も振り返ってもらいながら，なぜ近江兄弟社に来たのかといったあたりから話をしていただけたらと思います。では宇田さん，お願いします。

（１）近江兄弟社高校単位制課程に来た理由
　①先輩がすごく楽しそうだった
　宇田　私が単位制課程に来たきっかけは，中学２年生の時に，ちょっと荒れてしまっていて，「なんで学校に行ってるんだろう」みたいな心境になって，１週間に何回か学校を休むという生活を続けていたことにあります。すごくあったかい環境に行きたくて，中学３年生の時に単位制の学校見学に行った時に，

第2章　卒業生たちが学んでいったこと

パネルディスカッションの様子

先輩が学校の説明をしてくださっていて，すごく楽しそうだったんですね。そこからは，「私はこの学校に来てよかった」っていう思いがすごく伝わってきて，私もこういう人になりたいなぁ，私もこういう学校で成長していきたいなぁと思って，この学校に入学しました。

　春日井　中学校の頃に，やんちゃだったんですか。それ以上に，「なんで学校に行くんだろう」っていうのはとても大事な問いだと思うんですが，なぜそんなふうに思ったんですか。

　宇田　う〜ん……やりたいことが見つからなかったことと，やっぱり勉強に全然ついていけなかったことで，すごく自分に自信がなくなってしまって。そういう自分に自信がない状態で学校に行くのがしんどかったんだと思います。

　春日井　近江兄弟社のオープンキャンパスに来て，先輩たちに出会って，「あ，ここだったらやれそう」って思えたんですか。

　宇田　そうですね。「もうここしかないや！」って思いましたね。

　春日井　そうですか，いい出会いでしたね。ありがとうございます。

②まだ未来にはつながるかもしれない

　春日井　じゃあ，卒業後２年目を迎え，現在大学２回生になっている中村歩さん。中村さんは，なぜここだったんですか。

　中村　私は，中学校の１年生から３年生の間に，簡単に言ってしまえば「い

55

じめ」にあってですね，人間関係，人としゃべることにすごく恐れを感じるようになりました。もうバスにも乗れないし，電車にも乗れなくて，やむをえず乗る時には必死で端っこにいて，人から見られないようにしていました。私の存在なんか消えてしまえばいいぐらいの感じでしか生活できないような状況でした。

　でも，とにかく勉強がしたかったんです。本当は，公立高校に行こうと思っていたんですけど，私は行けなくなってしまうのが目に見えていたので，単位制というものを知って，ここなら行けるかもしれないと思いました。今の自分では友達はできないかもしれないけど，ここでなら勉強はできて，まだ未来にはつながるかもしれないと思って来ました。

　春日井　ここだったらやれるかもしれないって思えたのは，何かきっかけがあったのですか。

　中村　まず，縛りがないし，私は人間関係がダメだったんですね。ですから，その時は消極的に，「私は周りの人たちとかかわらないでいこう」と思ったんです。ここだったら自分のペースでできるから逃げられると，その時は思ったんですね。

　春日井　逃げ場がある学校っていうのも結構大事だよね。全部一律にじゃなくて，多様な居場所というか，ちょっとかわせたり逃げたりする場がある，それはオープンキャンパスでやっぱり感じたんですか。

　中村　そうですね。公立とかも見に行ったんですけど，それとはまったく違う「ゆるさ」。それが私にはすごく響いてくれています。

　春日井　はい，ありがとうございます。中学校の時に1年生でいじめにあったとおっしゃっていましたが，その問題というのは，今の自分のなかではどんなふうに整理されているんですか。あるいはそれはまだ少しひきずったまま，宿題として抱えたままの部分もあるかもしれませんが，今はどんなふうに考えていますか。

　中村　根本的な問題ははっきり言って変わっていないです。私のなかのコンプレックスなので変わらないですけど，ただそのとらえ方がまったく違います。

春日井　どんなふうに変わりましたか。

中村　まず、自分を出せるようになったんですね。この縛りのない、ゆるいなかで、自分を見つめなおせる期間がすごくあるんです。

春日井　そうすると、トラウマのように過去のいじめの問題を、そこにとどまってこだわっているという状況ではなくなってきたということですか。

中村　そうですね。そこにこだわっている自分がいつの間にかいなくなっていて、心の傷としてはあっても、前に進んでいける自分を今は実感しています。

春日井　では、そのあたりの高校在学中の生活についてはまた後でおうかがいしますね。

③自分なりのペースでやれる

春日井　それでは、西村君。西村君は、卒業後3年目を迎え、すでに社会人として勤めていますが、今日も昼から仕事だそうです。いいでしょ、こういう社会人ね。忙しいのに仕事へ行く準備を整えて、ここに来てくれている姿は、かっこいいと思いますね。じゃあなぜ西村くんは近江兄弟社に来たんですか。

西村　もともと勉強はあまり得意ではなかったんですけれども。中学1年、2年とずっと部活しかやってなかったんです。

春日井　部活は何をやっていたんですか。

西村　卓球です。ずっと練習していました。2年生のある時、突然、謎の病といいますか、体調不良に見舞われました。それがただの風邪ではなく、自分のなかでは何が起こったのかわかりませんでした。突然めまいがしたり、恐怖心が襲ってきたりして、なんなんだこれはっていう感じでした。中学2年生の14歳まで体験したことのない思いをして、その日は普通に過ごして家に帰ったんですけれども、次の日からそのことが鮮明に脳裏に焼きついて、学校に行けなくなりました。

当初は県立高校への進学とかも考えていたんですが、勉強も全然やってなかったので、ついていけなくなりました。けれど、高校には行かないといけないと思っていたら、3年生の時の担任の先生から、近江兄弟社という高校に単位

制という場所があると教えていただきました。単位制とは何だということで、今日のようなオープンキャンパスに来たわけです。

　なぜ単位制に入ったかというと、自分なりのペースでやれるというところです。県立高校には縛りがありますよね。でも単位制は自分のペースで、勉強なり学校生活が送れるというところに魅力を感じました。高校進学はどうなるかなと不安でしたが、オープンキャンパスに来たことによって、「自分も高校に行ける」という希望がもてました。

　春日井　なるほど。その時はまったくわからなくて、なんか突然しんどくなった。謎の体調不良を今振り返ってみると、それは一体何だったんですかね。例えば人間関係を結ぶのがあまり得意じゃなかったとか、そんなこともあったのでしょうか。

　西村　今振り返ってみれば、高校生活の話でも出しますが、病気だったんですね。高校の先生に、一度病院へ行ってみたらというふうに言われて、心療内科・精神科のクリニックに行きました。そこで、「あなたはこういう病気なんだよ」と言われて、僕はある種ほっとしました。病気ということがはっきりわかったので。

　春日井　病名は別にして、突然パニックになるとか、そういう感じだったんですね。

　西村　そうですね。

　春日井　はい、ありがとうございました。

（2）単位制課程での高校生活について
　①先生たちが後ろから支えてくれる
　春日井　では2つめの問いですが、様々な中学校時代の状況を抱えながら、みなさんが縁あって近江兄弟社高校に来られてからの学校生活について伺うことにします。多くは3年間で卒業しますが、4年間かかってゆっくり卒業した人もいます。自分の高校生活どんなんやったかということを率直に聞かせてください。友達や先生とのかかわりなども含めて、宇田さんからお願いします。

宇田　学校生活は，友達もすごくいっぱいできて，今とても充実した毎日を送っていると思います。私は3年間，学級委員をやらせてもらって，みんなとかかわることができる役目という感じなので，自分が必要とされているってことも感じるし，みんなもいっぱい優しさをくれて，応援してくれているというのがすごく楽しくて。

春日井　今，3年生ですよね。自分の進路とか将来のことについて考えるということでいうと，高校生活はどんな感じだったんですか。

宇田　ここの学校はチャンスをくれる学校だと思うんです。何をするのでも，いつでも先生たちが後ろから支えてくれるから，安心していろんなことにチャレンジしていけるし，自分でもっともっといろんなことを吸収していこうって思える。そこで，自分の経験をつくれるから，自分の進路についても考えることができる。ここの学校は，先生たちが進路のこととか学校生活のことについてすぐ相談にのってくれるので，自分たちの気持ちもまとめやすいです。今私は3年生だから，進路についていろいろ考えているんですけど，その進路に導いてくれたのは，先生たちがいたからだと思います。

春日井　進路の課題を考える時に，社会的自立とか，将来具体的にどういうふうに生活していくのかとか，そんなことについて考える時間などはあるんですか。学校の取り組みとして何かあるんですか。

宇田　学校の取り組みでは，進路についての授業っていうのは結構あります。ここの先生たちは本当に優しくて，甘やかしてくれるところがあって，逆にそれで頑張らなきゃ，もっともっと自分でなんとかして自立してと思うんです。先生が甘やかしてくれるから，その分自分で頑張ろうっていう気持ちが湧いてきました。

春日井　そこは，大事なことですよね。先生たちは甘やかしてくれる，優しい。でも優しいだけでは，そこにどっぷり浸かっちゃうこともあるじゃないですか。なぜ，甘えてばっかりじゃなくて自分で頑張ろうって思えるようになったんですか。

宇田　単位制課程は先輩と後輩がすごく仲が良くて，たとえば先輩たちが，

「私たちは，1年生の時に遊んじゃったりして困ったから」っていう話をしてくださって。そういうかかわりのなかで，「今，3年生たちも頑張ってるんだから，私も頑張らなくちゃ」って思いました。

　春日井　先輩たちの影響は大事ですね。じゃあ，先生たちは優しいだけですか。みんな「ゆるキャラ」の先生ばっかりなんですか。

　宇田　う〜ん……甘やかしてくれるけど，頑張りなさいって。すごく柔らか〜く包んでくれて，かつ，後ろから押してくれる，みたいな。

　春日井　教員の指導のイメージについて，今とても大事な点を語ってもらったと思います。「指導」っていうのは，上から引っ張り上げるんじゃなくて，後ろからそっと背中に手を添えて押すというイメージですよね。支えてそっと押し出す。後ろから押された時に，どっちの方に行くかっていうのは，あなたたちが自分で決める。そんなイメージですか。

　宇田　はい，そうです。

　②自分の弱さから逃げなかったら，私まだ生きていける

　春日井　次に，中村さんからお願いします。高校生活について。友達との関係とか先生との関係とか。そういうなかで自分がどんなふうに変わってきたのかなどについてです。

　中村　まず，単位制はすごくあったかくて，私みたいな人とかかわるのがすごく苦手でも，周りがほんとに支えてくれるんですね。あと，すごくいろんな悩みをもっている人がいて，私自身は動いてないというか行動できていないんですけど，周りにいろんな人がいて，私はその人たちを初めのうちは籠のなかから見ている感じでした。自分が悩んでいることだけじゃなくて，他の人もこんなに悩んでいるんだっていうことを再確認して，すごく開けたんです。あと，魅力的な先生がたくさんいて，みなさん熱い先生で，いろんな熱さをもっているんですけど。

　春日井　それでもね，いじめの問題もあって，人間関係が苦手で，1人でいたいと思っていて，そのまま自然に今みたいに明るく頑張れるようになったと

は思えないんですよ。入学してからの波っていうのはなかったですか。

　中村　ありました。私は，いくら周りが優しくても，やっぱり元々もっているコンプレックスがあるので，学校に行くのが本当につらい時期は，「こんなにいいところなのにしんどくなってしまって」と悩みました。近江兄弟社高校のカウンセラーの先生からカウンセリングを受けていたんですけれども，その先生にも，「今，あなたは休む時期なんじゃないか」と言われました。この単位制では3か月くらい休んでも，まだ4年生にならなくてもいける段階だったので，2年生の冬には3か月間休みました。

　それまで，「自分は強くならないといけない」「自分はこうでないといけない」ということばっかりに必死で，自分の弱さから逃げていたんですね。単位制では「聖書」の授業があるんですけれども，その授業のノートを見直していて，聖書の先生の言葉を思い出したら，「自分は弱くていいんだ」ということを語ってくださっていたなと思い出しました。最初はしっくりこなかったんですよ。弱くていいなんて，強いほうがいいに決まっているじゃないですか。ですが，その3か月間ずっと自分と向き合っていくなかで，また先生やいろんな人と会うなかで，「あぁ，弱くていいんだ」ってことを本当に真に思えたんですね。「自分の弱さから逃げなかったら，私まだ生きていけるんじゃないか」って思いまして。先生もすごくサポートしてくださって，自分の進路というのが見えてきました。

　春日井　今，とっても大事なことを言いましたね。自分は弱さから逃げていたけど，3か月休んでいた間に，弱くてもいいって思えるようになったということです。3か月の間って，家で何をしていたんですか。

　中村　そうですね，私は病気で，「うつ」のような状態にもなっていたんで，病院にも通いました。親の車に乗せてもらって行ったり，人の話を聞いたり，その聖書科の先生に出会いに行ったりしました。自分が勉強してきたこと，真に勉強したいことをそのなかで勉強できたと思います。自分と向き合う時間って本当に大事だと思うんですよ。必死になって，ずっと続けて学校に行くのも大事なのかもしれないですけど，ほんとに静かになって，自分が落ち着けるよ

うな状態になって見なおすと，本当に違うものが見えてきたんだと思います。

春日井　ひとりで自分と向き合っているその時にね，あなたのなかにいて支えてくれた人とかモノっていうのは何ですか。

中村　一番は両親ですね。両親は，自分がどんな状態にあっても認めてくれたんです。社会に出られるような状況じゃないし，普通に見たら落ちこぼれ状態ですよね。自分で外にも出ていけないんだから，これからどうするんだってほんとに心配だったと思うんです。それでも見守ってくれていて，自分を信じてくれていたんですね。あと，キリスト教に出会って，神様……イエス・キリストじゃないかもしれないんですけど，心のなかに神様っていうものがいて，弱さを認めてくれる，絶対に自分をあたたかく包んでくれる存在っていうのを自分の心のなかにつくった時に，すごく安心できました。

春日井　そうした体験が，中村さんの現在の大学生活につながっているんですね。ありがとうございました。

③「そろそろかな」という思いが"ふっ"ときた

春日井　じゃあ，西村君の高校生活はどうでしたか。先生，友達，自分とのかかわりなど含めてお願いします。

西村　僕は高校卒業に4年間かかったんですけれども，やっぱり中学校の名残で，その時のトラウマというか記憶がまだ消し去れていなくて，高校1年，2年の頃はあまり来ていなかったんです。先ほどの話にもつながるんですけれども，校内のスクールカウンセラーの先生のところに通って，クリニックをすすめられて行って，薬を飲んだりしました。

その時の担任の先生に，このまま家に居てもしかたがないから，放課後だけでも，調子がいい時だけでも学校に来たらどうかとすすめられて，体を慣らすように，2年生の頃は放課後だけ，しかも週に1～2回登校して，ただ先生としゃべるだけでした。その時の自分はむしろ，あまり同級生や先輩と会いたくなかった。「この人，なんで1人で先生としゃべってるんやろう」と思われるのが嫌だった。だから学校に極力こそっと入って，先生としゃべって，こそっ

と帰るという感じでした。

　半年か1年くらいで，体調もだいぶよくなってきまして，体調がよくなると気分も変わるもので，なぜか「そろそろかな」という思いが"ふっ"ときたんです。「そろそろできるかもしれん」っていうのがあったのは，2年生の後半でした。僕が普通に学校に通うようになったのは，実は高校3年生から。もちろん，高校3年生から学校に来るっていうのは普通の県立高校では考えられないことで，やっぱり単位制であるからこそできたことです。

　僕は，今まで自分が中学校，高校でずっと1人でいたものですから，先生に会ったり，先輩や後輩の友達がどんどん増えていって，遊ぶとかしゃべるってことが非常に楽しくて，勉強しに学校に行くというよりは，みんなに会いに学校に行っているみたいでした。で，ついでに授業も出て。

　僕の目標としては「高校を卒業したい」というのがあったので，そうするとやっぱり授業には出ないといけないんです。あと，いろいろな単位の取得の方法がありまして，校外活動であったり，放課後のハイブリッドという授業であったり。僕はその方法をフルに活用しました。

　春日井　「ハイブリッド」というのは，正規の授業時間に出にくい人のために，放課後の時間も授業をやっているわけですか。

　西村　そうですね。6限目が終わってから。

　春日井　夕方から授業をやってくれるわけですね。

　西村　そうです。そのハイブリッド授業をたっぷり使いました。もちろん通常の授業にも出ていましたけど。単位制っていうのは，なんで1人の生徒にここまでよくしてくれるんやろうっていうぐらい，先生や先輩がほんとに親身になって，自分がうれしかったことや悩んでいること，つらいことなどの話を，解決するまで聞いてくれる。それがありましたね。

④生徒ホールとラーニングアシスタント

　春日井　もう1つ，先生とのかかわりだけじゃなくて，この学校には生徒ホールというのがあって，ラーニングアシスタント（LA）という制度があって，

大学生がボランティアで入ってきて，相談相手や学習支援などをしてくれていますね。そことのかかわりはあったんでしょうか。

　西村　LAの方は主に大学生で，やっぱり高校生からしたら大学生というのは，ちょっとお兄さんお姉さんという感じで，でも先生ではないというすごく頼れる存在でした。単位制では先生と生徒の距離は近くて，いい意味でフレンドリーな関係も築けているんですが，やはり「先生」というのには変わりはなくて。なので，LAさんには気軽に話せました。

　春日井　西村君の場合は，そのLAとのかかわりは，どんな感じでしたか。

　西村　「生徒ホール」という部屋で，「僕は今こんな人間関係で悩んでいるんですけど，高校生の時どうでしたか」とか，「今，大学に行かれてどうですか」というふうに，おもにその人が通ってきた道を聞いて，自分にあてはめて考えてみるというのが多かったです。

　春日井　私は，自分のゼミ生などがLAに行ってみなさんとかかわったりして，学生を送り出している方なんですけれども，多少は役に立っているんですね。

　西村　もちろんです。

　春日井　そうですか。どうもありがとうございます。

（3）単位制課程での学習，行事について
　①2年生の時にタイに2か月間留学
　春日井　じゃあもう1つ，高校時代の学習や行事などについてはどうですか。先ほど，ハイブリッド授業の話などもありましたが，いろんな体験的な学習，たとえば海外研修，留学，行事，普段の授業など，印象的な学びの中身を紹介してくれませんか。

　宇田　普段の授業は，数学とかだったら，数学が得意な人とちょっと苦手な人がいるじゃないですか。そういう子たちのために基礎を勉強するクラスと，少し発展した勉強をするクラスという形で分けてもらっていて，少人数で勉強できたりします。わからないことがあるとすぐ先生たちが教えてくださって，

わからない授業もすぐについていけて，ありがたいです。

　春日井　行事とかはどうですか。あるいは，留学とかしたこともあるんですか。

　宇田　はい，2年生の時にタイに2か月間留学させてもらって。かわった国にいくんだねって，いろんな人から言われました。

　春日井　その留学の体験は，今の自分にとってどんな意味がありましたか。

　宇田　タイには，他について行く人もいなくて1人で行ったので。英語も全然しゃべれないし，タイ語も全然わからないのに，1人で行ってきました。

　春日井　2か月間1人で行ってきたんやね。受け入れ先は。

　宇田　受け入れ先は，近江兄弟社高校の提携校です。

　春日井　お友達はできたんですか。

　宇田　はい，たくさん。タイの人たちってすごく優しくて，日本では外国の人っていうとすごくバリアを張ってしまうんですけど，タイの人たちは自分たちから声をかけてくれる。声をかけてくれることによって，友達の輪が広がっていって。あと，穏やかな性格だから，けんかとかも起こらなくて，先輩後輩もすごく仲良くて，そのなかに入れてもらっていました。

②世界史と聖書の授業が大好きだった

　春日井　ありがとうございました。中村さんは，高校での学びという点ではどうですか。

　中村　授業は，当たり前かもしれないですけれども，手を抜いている先生なんかもちろん誰1人としていなくて。

　春日井　本当にいませんか。

　中村　はい，自信をもって。私は世界史と聖書の授業が大好きだったんです。私は世界史の先生が大好きだったんですが，よく旅をされる先生で，旅の話をしてくださるんですね。私は人とうまくかかわれないから，旅行にも行けないという感じだったんですけど，その先生の話を聞いて，私もいつか先生のように元気になって外に出て行ける人になったら，行きたいなぁと思いながら，す

ごくワクワクして聞いていました。リアルな現実感のある授業が，たくさん受けられて楽しかったのを覚えています。

③行事にもすごい意味があって
　春日井　じゃあ，西村くんはどうですか。授業とか行事とか，そういったことで。
　西村　僕は行事の話をしたいと思います。単位制には独自の行事というのがあって，単位制のみんなで1つのことをやるんです。球技大会とか，カヌー教室とか。行事にもすごい意味があって，身体を動かすと同時に，普段接しない先輩，後輩，同級生たちと何か1つのことをすることによって，友達の輪や交流が増えるんです。

　あとは，夕方にあるハイブリッド授業ですが，夏休みなどを利用して，日帰りでのフィールドワークという授業があったりします。たとえば社会科だったら京都のお寺を見学に行ってみるとか，体育科だったら場所を変えてスポーツをしてみようとか。
　春日井　そういう取り組みが，単位として認定されていくというシステムなんですね。
　西村　そうです。ノートを開いて黒板を見てという授業がすべてではなくて，自分で体験して目で見て感じてやるということも勉強なんだなと思いました。
　春日井　体験的な学びですね。ありがとうございました。

（4）今考えている自分の将来のこと
　①環境のお医者さんっていう感じの職業に就きたい
　春日井　では次の問いですが，将来のことをみなさんはどう考えているんでしょうか。みなさんは，今，高校3年生，大学2回生，そして社会人でしょ。これから先のことなどについてちょっと紹介していただけませんか。今考えていることで結構です。
　宇田　今は，4年制の大学へ進学しようと考えていて，その学校が農業系の

学校で，なおかつ環境について勉強できるんです。

春日井　なるほど，環境問題から農業ですか。なぜ，そんなことを考えるようになったんですか。

宇田　タイに行った時に，日本とタイの環境がすごく違っていて，そういう環境のお医者さんっていう感じの職業に就きたいなと思ってきました。

春日井　環境のお医者さん。どういうことするの。「環境のお医者さん」，なんか素敵な言葉ですね。

宇田　たとえば植林といったようなことや，生物の多様性などを勉強するところです。生物と人間が共存していくためにはどうすべきか，そういうことを勉強したいなと思っています。

春日井　そういう大学はどこにあるんですか。

宇田　北海道にあります。

春日井　北海道ですか。タイから北海道に飛んだんだ。現在そこを目指して勉強しているわけですね。タイへ行ったことがひとつのきっかけになって，地球規模で環境のことを考えて，そういう問題に自分がかかわっていこうとしているんですね。

宇田　はい，かかわっていきたいと考えています。

春日井　かっこいいねぇ。農家のお嫁さんになりたいとか，そういうことじゃなかったんだ。

宇田　いや，ちょっと農家のお嫁さんも考えているんですけど。広大な農地のところへ嫁ぐのもいいかなぁと。

春日井　はい，わかりました。ありがとうございました。

②一人ひとりを認められるような幼稚園教諭になりたい

春日井　じゃあ，中村さんはどうですか。将来のこと。ちなみに，今何を学んでいるのか，学部や将来のことなどを合わせて教えてください。

中村　今は，キリスト教について学んでいます。学部は神学部です。そこはいろんな宗教について勉強できるんですけど，私はこの単位制で学んだキリス

ト教を学んでいます。将来は，子どもが好きなので，一人ひとりを認められるような幼稚園教諭になりたいなと思っていて，今はキリスト教主義の教会附属の幼稚園に，保育補助として行って頑張っています。

春日井　今すでに，幼稚園の先生をやっているんだ。

中村　はい。子どもに圧倒されていますけど。

春日井　人とかかわるのが嫌だったのにね。

中村　はい。そうなんですよ。

春日井　よりによって，なんで人とかかわる仕事を選んだの。

中村　今は私，本当に人が好きです。

春日井　本当は，人が好きだったんだね。

中村　そうだと思います。

春日井　大学には，どういう入試方法で入ったんですか。

中村　自己推薦という形で，小論文・エッセイを書いて，面接を受けて，この単位制で学んだことをアピールして入りました。

春日井　なるほど。いわゆる AO 入試ですね。

中村　そうですね。

春日井　AO 入試にも課題論文で受験する方法と，自分で決めたテーマを論文などにして，自己推薦で受験する方法と2つありますよね。その後者の方ですか。

中村　そうですね。

春日井　論文は何をテーマに書いたんですか。

中村　黒澤明の「生きる」という映画と，自分が生きてきたことを対比させて，自分はどう生きていきたいんだろうというようなことを書きました。

春日井　なるほど。ちょっと読んでみたくなりますね。中村さんも宇田さんも，自分がどう生きていくのか，どう人や社会や地球とかかわって生きていくのかというところを，とても真面目に考えていると思います。

③ちょっとここで頑張ってみるかというふうに思って

春日井 じゃあ，西村君いかがですか。今すでに勤めていますが，なぜそこに，どういう経過を経て着地していったのか。さらにこれから先のことはどう考えているかなど，もし良かったら聞かせてください。

西村 そうですね。僕は大学へは行かずに専門学校へ行ったんですけれども。

春日井 どういう関係のですか。

西村 音楽関係の専門学校へ行ったんです。

春日井 じゃあ，ミュージシャンを目指していた。

西村 そうですね。中高の頃から，自分を陰で支えてくれたのが音楽でした。ノリがどうこうとかじゃなくて，自分の心にズシッとくる言葉がメロディーに乗っている。それが，自分にとってはすごくスッと入ってきたんです。あとはたまたま家にギターがあったので，それを手にして，弾いて遊んでみたりしていて。僕は2人とは違って，履歴書に書けるような突出したものはないですし，何かこれができますっていうのもないんですね。

春日井 今の話を聞いたら，それで十分ですよ。

西村 そうですか。ありがとうございます。僕は，高校の頃はやりたいこともまったくなかったんです。

春日井 それが，多くの普通の高校生の姿でもあるんです。

西村 それで，どうするかなぁと思って。なんでわざわざまたお金を払って大学なんて行かなあかんねんっていう思いがあって，勉強はもう嫌だったので。かといって，働くかって言われたら，働ける自信はなかった。じゃあちょっと専門学校にでも行くかと思って，自分は何が好きやろうと考えました。

進路の話になってすぐに音楽学校を決めたわけじゃなくて，親の勧めだったり，自分でも音楽以外の専門学校の資料を見たりとか，オープンキャンパスへ行ってみたりもしたんですけど，やっぱり音楽のインパクトっていうのがすごく自分のなかでは強烈で。それで，もうとにかく音楽がやりたいって思って，専門学校へ行ったんです。

僕の場合は，ひとつのことを習得して，それでご飯を食べていくっていうの

69

は非常に大変なことです。自分には変に真面目なところがあって，たとえば10年間頑張って必ずプロになれるっていう自信や確証があるのならば頑張れたかもしれないんですけれども，こうすればこうなるっていう明確なものが何もないんです。それがすごく不安で，「音楽ってどうなんやろなぁ」ってずっと考えている時に，専門学校に通いながらアルバイトしていた職場で，休憩中にふと，「今こういうことを考えてるんです」って同僚に話したんです。そうしたら，「この会社にはこういう制度があるんだよ」というふうに教えていただいて，アルバイトから契約社員として入っても，キャリアを積んで試験も通れば正社員になれるということを知りました。

　春日井　それで，今の会社でやっているわけですね。

　西村　そうです。販売業なんですけれども，販売業でも半年もいると，徐々に楽しい部分ややりがいを感じるようになって，ちょっとここで頑張ってみるかというふうに思っています。

　春日井　これから先のことについては，どんなふうに考えていますか。

　西村　これからは，今の会社で働きながらも，ここ最近，ちょっといいかな，やりたいかなと思っていることがあるんですけれども，それにはまだはっきりした踏ん切りがつかなくて。ひとまず今の会社で，社会人としてどこまでできるかというのをチャレンジしようかなと思っています。

　春日井　よくわかりました。どうも，ありがとうございました。

（5）お父さんやお母さんにひとこと

　①ほめてくれる時――自分が成長できているんだなって思う瞬間

　春日井　では，最後になるかと思うんですが，お父さんやお母さんにひとこと。つまり，自分が今まで中学校や高校や大学や社会人になって，自分の高校の頃を振り返ってですね，あの頃こんなふうにしてもらってうれしかった，みたいなことがあればひとこと。あるいは，あの頃こんなふうにされてほんとはちょっと嫌だったといったことがあればひとこと。じゃあ，宇田さんから。

　宇田　今の話なんですけれども，私は北海道に行くことになって，親元を離

れてしまうということもあって，すごくお母さんが寂しがってしまっていて。私は前に進みたいけど，母は「行かないで」っていう感じで。

　春日井　お母さんが，「行かないで」って言っているわけですか。

　宇田　はい。けど，少し後ろを押してほしいなって。

　春日井　少し押してほしいのに，お母さんは後ろから引っ張っているわけですね。

　宇田　はい，そうです。

　春日井　なるほど。それで，いいかげんに子離れしろと言いたい。

　宇田　はい，ちょっと。

　春日井　今の話を聞いて，今日お母さんが来られていたら，きっとよろこんでくれたと思いますよ。高校に入ってからの親の対応とかはどうでしたか。

　宇田　私は中学生の時には，けっこうダメな子だったので，高校に入っていろんなことにチャレンジするようになって，怒られる回数もすごく減ったし，ほめてくれるようになりました。

　春日井　ほめてくれるのね。

　宇田　はい。ほめてくれることによって，「自分も頑張ろう」って思うから，それは自分が成長できているんだなって思う瞬間かなと思います。

　春日井　今のひとことは，「ほめること」の意味を表現した素敵な言葉ですね。ありがとうございました。

②「いつでも自分を認めてくれてありがとう」と言いたい

　春日井　じゃあ中村さん，お願いします。

　中村　いつでも自分を認めてくれてありがとうということが，一番言いたいです。自分がどんなに周りから見たらおかしな状態になっていても，自分が決断したことに対しては，「いいんだよ」と思ってくれていました。単位制に入ったことも，たぶん心配だったと思うんですね。親にとっては，悪く言えばぬるま湯に見えたかもしれないです。それでも，私が行けるところならって認めてくれました。単位制に来られていなかったら，今の私はないと思いますし，

本当にありがとうと言いたいですね。

③「やったらいいんじゃない」と温かく見守ってくれた
春日井　親が「認めてくれる」ということは，子どもにとってどんな大きな意味があるのか，よく伝わってきました。では，西村君，いかがですか。
西村　中学，高校，現在と，両親ともに「ダメ」とか「よくない」というふうに言ってくれることは言ってくれたんですけど，根本的には自分のことを応援してくれていました。中学高校の頃は，「ああしなさい，こうしなさい」とか言われると，反抗してしまうこともあったんですけれど，幸いにも「大目に見てくれた」っていうか，やりたいことがあったら，「やったらいいんじゃない」と温かく見守って，サポートしてくれましたね。
春日井　親が子どものことを応援するというのはどういうことなのか，伝わってきますね。ありがとうございました。

（6）中学３年生のみなさんへ
①「どうにかなるって！」とポジティブに進んで
春日井　今日は，中学３年生のみなさんもいますから，最後の最後ですけれども，この後輩たちに，何かひとことずつどうぞ。
宇田　今，進路が決まっていたり，決まっていなかったりだと思いますが，進路について考えている時期だと思うんです。やっぱりすごく不安だと思うんですけど，いつも「どうにかなる」と思っていたら，すごく前向きに進むことができるので，思い詰めないで，「どうにかなるって！」とポジティブに進んでほしいと思います。
春日井　はい，ありがとうございます。では中村さん。

②人間いつ変わるかわからない——今の自分をみつめてほしいな
中村　みなさん，いろんなことで悩んでいると思うんですけども，人間いつ変わるかわからないと思います。なので，何も心配しないで，今の自分をみつ

めてほしいなと思います。

③こんなに人間味があふれている良いところはない
　春日井　はい，ありがとうございます。では西村くん。
　西村　僕からは何もアドバイスみたいなことはできないんですけれども，1つ自信をもって言えることは，単位制というところは，自分が卒業したからとか，いい経験をしたからっていうことではなくて，周りから見てもすごく良い課程だと思うんですね。単位制課程は，良い環境だと思います。先生もそうですし，ラーニングアシスタントの方だったり，先輩・後輩だったり，みんな「良い人」っていうひとくくりの言い方しかできないんですけれども，すごいあったかい場所だな，こんなに人間味があふれている良いところはないなって僕は思います。中学校3年生のみなさんが単位制に来て，何か得られるものがあれば良いなと思っています。
　春日井　はい，ありがとうございました。今日は，3人のパネラーが語ってくれた一言ひとことのなかに，宝物になるような言葉がいっぱいあったと思います。そのなかの何か1つでも，参加していただいた保護者の方々，あるいは中学3年生のみなさんの心に届いたものがあったとしたら，朝早くから来ていただいた甲斐があったかなと思います。そして，届いたものを自分のなかで少しあっためていただきながら，これからみなさんが動き出すエネルギーになれば良いなと願っています。それでは，これでシンポジウムを終わらせていただきます。ありがとうございました。

第3節　卒業生が語る単位制課程での学び

　単位制の生徒にとって「卒業」は，「登校すること」，すなわち同年代の集団のなかに入るという大きなハードルの向こう側にあります。
　ここには入学後，授業や行事にどうやって入っていくか苦悶し，様々な人とのかかわりのなかで少しずつ「集団のなかに入る」方法を見つけていった卒業

生たちの姿があります。そこで自分が変わるきっかけとなった単位制課程での学びや体験について，卒業生の声をいくつか紹介します。また，高校生活最後の礼拝を生徒のメッセージで締めくくることが近江兄弟社高校の伝統であり，卒業式を目前に控えた３年生の生徒代表が，３年生全員と全教職員に語った卒業記念礼拝でのメッセージを最後に紹介します。

　なお，各生徒の文章の前に，教師から見たその生徒が抱えていた課題や印象などについて，【教師からのコメント】としてまとめています。

（１）いろんなタイプの人間がいていいじゃないか
　【教師からのコメント】
　　　中学校で不登校になり，登校することに対する不安から単位制を選んだ彼は，そこでいろんなタイプの人間に出会いました。自分を受け入れ，かかわろうとしてくれる友達，ラーニングアシスタントの大学生，教師などとの出会いを通じて自分のペースで不登校から回復していくことができました。

　　　　　　　　　　　　　　　　　東　昌吾（２期生　2004年度卒業）
　私を含む２期生40名はみんながそれぞれの理由をもって単位制に入学してきました。学校に通うことがどうしてもできなかった者，小中学校で集団生活に適応できなかった者，怪我や病気などにより学校に行けなかった者など２期生は本当に個性的な人間が集まっていました。なかには，私が学校を休んだ時に心配して連絡をくれる友達が何人かいました。しかし，そのどの友達も私より出席日数が少ないのです。たまたまその友達が出席した日に私が欠席しているので連絡をくれるのです。優しいと言えば優しいのですが，人のことを心配するよりまず自分の心配をしろ，と言いたかったです。今ならその友達は，自分が久しぶりに登校できたことがうれしくて，その日まだ登校できていない私を励ましてくれたのだと思えるのですが。

　そんな状況ですから40人の私のクラスで全員が揃った記憶はありません。常

に誰かが欠席していました。体育祭や文化祭での役割を決める時などは，まずその当日に出席できそうな者は誰かを話し合うところから始まったほどです。何しろまず私自身が朝から登校した記憶がほとんどないのです。遅刻して3時間目以降に登校していた日が多かったでしょうか。それに登校したからといって授業に出ていたわけではなく，生徒ホールで友達とトランプをしたり，学習用に設置されていたパソコンを使ってこっそりゲームをしたりしていました。とにかく，覚えているのは新しくできた友達と遊んだことばかりなのです。それだけ，友達とのふれあいを渇望していたのです。

　こんな自由な学校生活だからこそ休んでもまた登校することができたのだと思います。他の学校なら毎日通うこともできていなかっただろうし，初めは通うことができてもいずれドロップアウトしてしまっていただろうと思います。そんな私や一風変わった友達を受け入れてくれる懐の深さみたいなものが単位制にはありました。

　登校は不規則で，登校しても生徒ホールで充電してから授業へ向かう生活ですから，最終的に少し出席日数が不足してしまいました。私自身は，単位修得に必要な出席時間数を数えて計画的に授業を欠席し，病気などで突然休むことになった分は補習でまかなえると踏んでいたのですが甘かったです。そこで，私のように少し出席日数が足りない者を何とか救おうと，先生の優しさで補習制度が設けられたのです。もっともその優しさ分も計算に入れて授業を休んでいる者も何人かいたのでその補習制度も見直されることになったのですが。休みがちな生徒たちのために，先生方が単位を修得させて卒業まで何とか導こうと試行錯誤をしている雰囲気は敏感に感じ取っていました。その甲斐あって，普通ならあり得ないのですが，3年間の在学中に単位修得のシステムもいくつか変わり整備されてきました。とにかく高校卒業に必要な単位の種類・単位数やその単位を取るのに何コマの出席が必要かなど，自分で目標を決めて計算をしながら通うことが大切だと痛感しました。おかげで大学に入学して講義の登録をする際は，他の学生が苦労するなか，比較的苦労せずに登録でき同期の誰よりも先に卒業に必要な単位を取れたのも，単位制で高校生活を送った成果の

1つです。

　ラーニングアシスタント（以下，LA）のみなさんとの交流も私の世界を広げてくれました。LAといっても，学習の手助けをしてもらった記憶はほとんどなく，生徒ホールで他愛もない話をするのが単純に楽しかったです。悩みを聞いてもらったり，LAの人たちにも悩みがあることがわかって安心することもありました。授業中にLAとの話が盛り上がりすぎて，先生から注意されることもあるほどでした。学校内だけの交流では飽き足らず，LAの人が所属していたボランティアグループのキャンプにも参加させてもらったことがありました。また，心理学部に在学している人のレポートや，卒論の資料集めのインタビューやアンケートに協力したこともありました。そんな身近な存在のLAと交流することで，小さな単位制の校舎から学校の外の世界へつながっていたのだなと思います。

　私は，単位制というのは心に傷やしんどさを抱えている者が多いからこそ，人に対してとても優しく接することができるのだと思います。しかし，抱えているものがある分，それぞれが，お互いの感情に対して敏感であり，距離を測りながら付き合っていたように感じていました。あえて相手の感情を逆撫でするようなことを言って相手の反応を確かめたり，過剰なまでに優しく接したりすることで，人間関係の結び方を探り合っていたように思います。その結果，少しのことで傷ついたり，互いに傷つけ合ったりしたこともありました。少しのトラブルでも精神のバランスを崩すこともありました。私たちは，人付き合いが苦手な者が多かったように思いますが，それでもいっぱしの高校生のように友人関係を築き上げようと悪戦苦闘していました。

　けれどもそのおかげで，世の中にいろんなタイプの人間がいるということがわかりました。単位制に入学していなければ，おそらく自分は今以上に，差別をする人間になっていただろうし，常識から外れた人間に対して傲慢に振る舞っていただろうと思います。単位制にいたことで，「常識」というものにあまりとらわれなくなったと思うのです。しかし，実際に社会に出てみると，単位制に通っていた友達の多くは，社会や組織に適応しようとしてかなり苦労して

いました。最近再会した友達も，高校時代に感じたその友達の良さがなくなってきているように思えました。高校時代に伸ばすことのできたその人の個性が，社会に出たとたんつぶされてしまっているように感じるのです。単位制のようなユニークな学校で育った個性を受け入れてくれる社会であってほしいと願います。

　卒業した今でも果たして不登校の経験が良かったのだろうか，と悩むこともあります。単位制での体験は自分の過去の経験に向き合う場であり，それに対して様々な思いを巡らす時となったと思っています。そのおかげで大いに悩むことになったとしても，何も考えずに結論を出してしまうより良いのではないかと思っています。

　同級生のなかには，単位制に居場所を見つけることができた者も，居場所を見つけられなかった者もいたと思います。居場所を見つけた者は，学校で本来の自分を出すことができたし，居場所を見つけられなかった者は，自分を出せず，同級生にも先生にも悩みを話すことや相談することさえできずに卒業をしていってしまったのです。卒業してからその悩みの深さを聞いた時に，在学中に誰か1人でも彼の悩みに気づいてあげられたらよかったのに，と残念な気持ちになり，欲を言えばそれができる単位制の先生たちであってほしかったと思いました。

　単位制というものが私たちにとって何であったのか，どういう影響を与えたのかは，卒業して10年も経っていない，社会に出てそんなに時間も経っていない状況で判断するのはとても難しいと思います。今の時点で，自分のなかで単位制が何であったのかはわかりません。まだ判断したくないし，誰かに判断してほしいとも思いません。個人的には，私たちがもっと年をとって，自分の子どもを育て，その子どもが当時の私たちと同じ高校生になってから，ようやくわかり始めるのではないかと思っています。

（2）人前で注目を浴びるのが苦手な私が教師の道へ
　【教師からのコメント】
　　　彼は，誠実・真面目を絵に描いたような模範生でした。研究者の道を歩むと誰もが思っていたのですが，母校での教育実習を契機に教師の道を選んだのは，直接生徒の人格形成にかかわれるからでした。

　　　　　　　　　　　　　　　　　　　北川卓実（5期生　2007年度卒業）

　私は，卒業後もオープンキャンパスの手伝いなどで，何度か単位制に足を運んだことがあります。卒業し数年経ちますが，単位制はいつも変わらない温かさがあります。昔と変わらない先生，昔と同じ制服を着た生徒，そして落ち着いた雰囲気の校舎からあふれているあの温かさは私を懐かしく幸せな気分にさせてくれます。

　私にとって単位制での学校生活とは，学びの日々であり，現在の目標でもあります。ここでたくさんの友達を見つけることができました。また，理科のおもしろさを見つけることができました。さらに自分自身について知ることができました。非常に多くの物・事・人に出会い，成長しました。私は高校を卒業後，単位制での日々と今まで歩んだ道を，振り返りました。そして「不登校」について考え，自分の手で不登校生徒の社会的自立を支援したいと考え，現在教師として教育に携わっています。

　私の中学時代は，不登校による別室登校をしており，友達といえる仲の良い存在が周りにいませんでした。そのため，高校に入学する時，友達をつくることが目標でした。しかし，中学で同年代と接する機会が少なかった私には，友達ができるか不安でいっぱいでした。「どのように声をかけてみようか」とばかり考えていました。そして，入学後，勇気を振り絞り，声をかけたあの時が，私にとって本当の意味で「高校生活の始まり」だったと思います。次々に広がる友達の輪。1人，また1人と携帯電話にアドレスが増えていくのがうれしかったことを今でも覚えています。

　友達，クラスメイトと過ごした3年間。喜怒哀楽という四字熟語で表現しき

れないくらい，多くの感情を抱きました。ダンス練習に苦労した体育祭。ドキドキしたクラス替え。初めての海外研修旅行。それぞれの行事にたくさんの表情が思い起こされます。さらに行事だけでなく日々の学校生活にも思い出が多くあり，校舎の隅々まで思い出が詰まっています。そういった学校生活のなかで，私は自分自身の弱さを知ることができました。他の人には，自身を理解することは当たり前のことかもしれません。しかし，私にはこれが「高校生活での成長」だと思います。

　私は単位制に入学するまでは，嫌なことから目をそむけ，自分自身を甘えさせていました。それが結果として不登校のきっかけでもあったように感じます。高校生活でも苦手なことにいっぱい直面しました。しかし，過去の経験や，先生の言葉，友達の頑張りを見たりするなかで，「このままでは同じことの繰り返し，失敗してもよいから一歩踏み出せ」と思えるようになりました。この成長のきっかけで思い出深いのが，「体育祭のダンスの練習」です。

　私は，人前で注目を浴びることが苦手です。そのため，授業中自ら発表することは少なく，教科書読みも嫌いでした。そんな私とは反対に，何事も率先し，クラスを盛り上げる友達がいました。彼はいつもクラスのために行動し，行事の際には，思い出に残る時間にするため様々な努力をしてくれていました。その彼と体育祭に向けてダンスを考え，クラスメイトに教えることになりました。休日にみんなが集まり，空き地でダンスの振り付けを考えたのは楽しい思い出です。しかし，後日それをクラスメイトに教えたのは苦労の思い出です。人前に出る恥ずかしさ，教えることの難しさ，そして振り付けに反対意見を述べるクラスメイトとの対立がありました。緊張してうまく教えられないもどかしさ，スムーズに進まないやり取り。体育祭がなければどんなに楽だろうかと考えてしまいました。なかば，教えることを諦めていた自分がそこにいました。しかし，ふと友達の方を見ると，体育祭を良い思い出にすべく熱く頑張る姿がありました。彼はどの行事でも，大変なことがあっても常に熱く取り組んでいました。その姿を見て，「自分もいつか人の前に立ち，何か成し遂げたい，成長したい」と思うようになりました。そのためにまず一歩，体育祭のダンスを教え，

完成させることに集中しました。その結果，体育祭は私にとって高校生活のかけがえのない思い出になりました。

　私は入学当初，基礎学力がなく勉強が嫌いでした。そのため，高校卒業後は専門学校か就職しか考えていませんでした。しかし，実際は4年制大学にしたのです。入学当時には，これほど勉強に対する苦手意識がなくなるとは思ってもいませんでした。基礎から丁寧に教えていただき，先生方には大変感謝しております。勉強というものに対する苦手意識が変わるきっかけの1つが「生物の授業」です。2年の生物Ⅰの授業では，わかりやすく視覚教材や実験を用いながら教えていただき，基礎知識を身につけることができました。

　そして3年の生物Ⅱでは，「疑問に思うことのおもしろさ」を教えていただきました。「身の周りにはたくさんの科学があり，様々な現象が起きています。その一つひとつがなぜ，どのように起こっているのか考えてみれば，理科はおもしろい！」と授業中に先生はおっしゃいました。それから授業では，今まで学んだ基礎知識を基に自然・動物・社会について疑問を見つけ，私なりに仮説を立てるようになりました。仮説は矛盾なく，多く立てられるほうが良い。そのためには知識が必要。ではもっと多面的に考えられるように知識を覚えることが大切ではないか。そのように考えていくうち，次第に勉強が楽しく，たくさんの疑問にふれたいと思うようになりました。

　私にとって最も興味深かった疑問が，「ヒト」についてです。私はなぜこのように行動するのか，身体のなかでは何が起こっているのか，なぜ生きているのかを根底から考えることが多かったです。苦手だった勉強が楽しくなり，なかでも生命に興味があったので理系の4年制大学に進学することを決めました。大学でも，単位制で教えていただいた「疑問に思うことのおもしろさ」を忘れず，多くの疑問を見つけました。そして生命現象について専門的に学ぶなかで1つの考えが浮かびました。「脳が心に与える影響がすべて明らかになれば，不登校が減るのではないだろうか」。そこで，脳に関する本を読み，卒業論文も脳に関する研究をすることにしました。脳は解明されていない現象が多くあり，不登校問題に関連する将来性ある研究課題があふれていましたので，大学

院に進学しようか考えていた時期もありました。

　しかし，私が選んだ道は教師への道でした。教師として，不登校に対して向き合おうとしたからです。その大きなきっかけは教育実習でした。教育実習は，この近江兄弟社高校でさせていただきました。そこで単位制生徒や学年制生徒と，教師－生徒という関係で初めてふれあい，私が高校生だった時の生徒目線ではわからなかったことをたくさん吸収することができました。また，ある単位制生徒の進路相談に乗ることもありました。実際に教育現場で，不登校を経験した生徒たちと接することで，研究という形で間接的に不登校にかかわるのではなく，直接，不登校に悩む生徒や不登校経験者の教育に携わりたいと思うようになりました。

　現在，単位制の3年間での学び，教育実習での出会いを活かし教師として仕事をしています。私が教えている生徒にも，不登校や不登校経験者が存在します。私の経験から相談に乗れた時，そして生徒の笑顔が見られた時，非常にやりがいを感じています。"元不登校生が教師に？"と思う方もいるかもしれません。実際，私自身，人と接する際の苦手意識が完全になくなったわけではありません。研究の方が向いていると思うこともあります。しかし，自身の経験を最も活かせる場で，苦手なことから逃げずに取り組むことで「さらなる成長」があると確信しています。自らの成長のため，そして不登校で悩んでいる人のために仕事に努めています。単位制で私が成長できたように数多くの生徒を成長させられる教師になることが働く目標です。単位制との出会いがなければ，今もネガティブにたくさんのことから逃げていたかもしれません。働く目標も無かったかもしれません。落ち着いた雰囲気のなか，多くの思い出をつくることができた単位制が，これからも温かく，そこに集う生徒たちやスタッフみんなの成長の場であることを祈っています。

（3）不登校になんかならないと決めた私が不登校になって
　　【教師からのコメント】
　　　中学時代はいわゆる優等生だった生徒が，不登校になった自分を認めら

れず，やりなおしを期して入学するも再度不登校になりました。傷ついた心を癒したのは仲間や先生であり，自分の弱さと向き合った彼女自身でした。

梅本　蕗（7期生　2009年度卒業）
　私が高校3年間を過ごした近江兄弟社高校単位制は，一言でいうと，やりなおしがきく場所でした。他者への接し方，将来への道をさりげなく教えてもらいました。
　中学時代に不登校になり，中学2年生の後半からほとんど学校へ通うことができない日々を送っていました。休みがちな日々が続いていくなかでも「自分は絶対に不登校なんかにはならない」という強い気持ちをもっていたので，学校へ行くことを身体が嘔吐という形で拒否した時は信じられない絶望感を味わうことになりました。
　学校が怖くなった契機は，友達と仲違いしたということでした。それまで，私は活発でクラス委員やソフトボール部のピッチャーとして日々を送っていたので，自分の心の脆さを自覚する機会もない純真な子どもでした。初めて人に嫌われるということを理解した時，自分でも驚くくらいたやすく逃げ出すことを選択したのです。
　単位制へ入学してからも，ぽつり，ぽつり休みがちになり，1年生の後半2か月は教室に一度も足を踏み入れられない時期もありました。高校が「嫌」なのでなく，学校という空間にいるのが苦痛で仕方ありませんでした。その間はずっと布団のなかで過ごす日々を繰り返しました。次第に食事も思うようにのどを通らなくなり，短期間ではありましたが入院までしました。当時の私は高校生になり心機一転することで，すべてを乗り越えられると信じていたので，再び，学校という場所に自分の身体が行くことを拒んだ時，悲しくて仕方がなかったのです。
　おそらく，中学時代の私ならここで諦めてしまったと思います。しかし，単位制でできた友達が，メールや電話を送って励ましてくれました。中学時代は

不登校になった時に一度，部活仲間と友人が自宅に足を運んでくれたくらいで，休んだからといって何回も頻繁にメールや電話をもらったことはありませんでした。休んでいても，学校に来られない状況ということを理解してもらえるという環境がうれしくて，携帯電話を握りしめて泣きました。

人間は，自分と違うこと，経験したことがないものを批判的に見てしまう傾向があると思うのですが，受け止め，認め，支え合うことができるという考え方をあの時，学びました。久しぶりに登校した教室は自然に溶け込める空気がありました。あまり親しくなかったクラスメイトも「心配したわ，久しぶりやな」「入院したって，あぁ～，だからか」「体育，今はバレーボールだよ。着替えるなら待つよ」など声を気軽にかけてくれた，温かな声の響きを今でも覚えています。

私は1年生の時に修得した，わずかばかりの単位とともに，2年生になりました。2年生では，ハイブリッド授業という補習授業に出て，1年生の時にとれなかった単位を修得しました。この制度には本当に助けられました。放課後の7，8時間目まで残り，授業を受けるのは大変でしたが，しっかりとした成果がかえってきました。ハイブリッド授業から始まった友達関係もあり，確かに大変でしたが，悪い思い出だったかと聞かれれば「そんなことはなかった」と即答することができます。7，8時間目は失われた学校での時間を取り戻すために必要不可欠な授業でした。

3年間の間でもっとも頑張った出来事は，体育祭のクラス旗づくりでした。1年生の時は体調が回復しておらず，参加は不十分でしたが，2年生からは積極的に参加しました。汗を流し，体操服を汚しながら黙々と旗に絵を描いたり，縫ったりを繰り返しました。大勢で取り掛かる作業だからこそ味わえる，完成した時の達成感は今でも忘れません。

もちろん，もめごともありました。誰かと何かをともに行うのは困難なことで，意見のぶつかり合いも生じました。そのなかで，他人の意見を聞き，考えることの大切さを理解することができました。他人の意見は，自分を否定されるようで，恐ろしいこともあります。しかし，耳を傾け，理解しようと努め，

自分の意見と組み合わせることで共存をはかれるということが，身に染みました。これらはともに何かを成し遂げるという経験を重ねるにつれてわかってきたことです。

　私は単位制に入学を決める以前，通信制でも良いと思っていました。学校なんて行ける訳がないし，教室が怖かったからです。しかし親に「どうしてもクラスがある環境へ行ってほしい」といわれ単位制に決めました。中学生の私は，まったくその意味を理解していませんでした。でも，高校3年間を過ごした今なら，理解することができます。

　みんなで協力し合い，すれ違い衝突し合うなかでしか，「人」という他者を理解することはできないのです。通信制に行ってもひきこもっているだけの生活を怠惰に過ごしているに違いなかった私には，他者と接する場所に出る必要がありました。単位制はまさに私に必要とされているものを習得できるところでした。両親はそれを理解したうえで私に「クラスのある環境」に通うことを望み伝えてくれました。

　そして，自分の力だけでは解決できない，友達にも相談できないようなことがある時，頼りになるのが先生でした。私が長期にわたり学校に来られなかった時にも，先生は何度か電話をかけてくれました。中学時代は教師という生き物は信頼できず，「センセイ」と名のつく人間はみんな嫌いだと思っていたのですが，あの時はじめて，先生を好きになるきっかけをもらいました。今ならば教師という職業がどれだけ大変なものか理解してきて，中学時代の教師が私に投げかけた，存在しない人間のようにぞんざいに扱う対応も仕方のないものだったと納得することができます。

　同時に，単位制の先生のように，学校にいない生徒を忘れず，励ましの言葉を辛抱強くかけることがどれだけ大変だったかということもわかるようになりました。卑屈で，学校という場所が恐ろしかった当時の私に通じる言葉は数少なく，私が愚痴を吐き出すたびに，"もう見放してしまいたい！"という気持ちに駆られたこともあったと思います。単位制に在学した3年間，私は何回か先生に愚痴をこぼしました。放課後の相談室のなかであったり，職員室に行っ

て突然泣き出したりと，もし自分が教師だったらきっと困惑するだろうなという行動をよくとっていました。しかし，単位制の先生は辛抱強く耳を傾け，励ましの言葉を一つひとつ，丁寧に私にかけてくれました。

　「ちょっと相談したいことがあるんだけど」と言うと，どの先生でも時間をとって相談にのってくれました。人は，生きている証であるかのように悩みが次から次へとわいてきます。多感な思春期に，気軽に相談できるのは，心が助かることでした。けれども最終的には，自分が自分と向き合っていかなければ乗り越えることはできません。

　だから私は，単位制という場所は，「さりげなく教えてもらえる場所」だと考えています。自分で考え，自分で動く力を，知らない間に教えてもらえる時間と空間をくれました。私は単位制に入って本当に良かったと心から言えます。今ではかけがえのない存在となった友達がその証拠です。中学時代，不登校になって単位制に来なければみんなと会えなかったと思うと，あのつらくて苦しかった時代は，自分にとって必要だったと思えるようになりました。

　大学生になり単位制を後にした今では，よく友達と「単位制は柔らかいシェルターみたいな場所だったね」と話します。単位制に集まる生徒は，中学時代に人の悪意に負けてしまった人間が多いと私は思います。その悪意から高校3年間は護ってもらい，外へ出て行くと戦える心を教えてもらいました。学校というのは勉強するためだけに行く場所なのでしょうか。私は単位制のことを思い出すとよく疑問を抱きます。勉強ではなく，生きていくために必要な術を教える場所ではないかと最近は考えるようになりました。

　高校に通わせてくれて，今まで私と向き合ってくれた両親と，学校生活で支えてくれた先生，これからの支えになり，また支える存在でありたいと思う友達には本当に感謝しています。

（4）仲間とともに新しい世界へ飛び出す
　【教師からのコメント】
　　入学してから1年半，やっと出会った友達と励まし合いながら「登校す

る」という一歩を踏み出しました。消え入りそうだった彼が何気ない日常のなかにこそ学校生活の楽しみがあることを発見し，学園祭で模擬店の班長に立候補し，自ら人を動かすまでに成長しました。

大谷晃介（10期生　2012年度卒業）[*1]

　私がなぜこの単位制への入学を決めたかというと，単位制の自由で楽しい学校生活に惹かれたからです。オープンキャンパスで先輩方が楽しそうに学校での生活を語られていました。そんな姿を見て単位制に魅力を感じたのです。私も高校生活を送るにつれて，先輩方が楽しそうに話していたわけがよくわかりました。

　私は実のところ，入学後すぐに学校の雰囲気になじめたわけではありませんでした。1年生の頃は通常授業にはほとんど出席することができず，放課後に時折，顔を見せるくらいでした。この時，私は学校に来る意味もよくわからず，「一歩踏み出さないといけない」とわかっていても，前進する勇気が出ませんでした。そんな登校状況は2年生になってからも続きました。

　ある日，学校には来てみたものの，気軽に話せる友達もいなくて，ひとりでボーっとしていた私に同じクラスの生徒が声をかけてくれました。急に声をかけられたので驚きましたが，彼は気さくに話しかけてくれました。さらに，お互いの共通の趣味があったことで話が盛り上がり，メールのやり取りや家に遊びに行くようになりました。友達と一緒にいるだけで心に大きなゆとりが生まれ，それから少しずつ学校生活の楽しさを見出していったと思います。

　そして，そんな気持ちに大きな変化が現れたのは2年生の夏休みでした。気さくに話しかけてくれた友達ですが，彼もまた，私と同じようにあまり学校に行けずにいました。彼も私も「学校に行きたい」という気持ちは同じでしたが，きっかけやタイミングがなく，何より励まし合える友達がいませんでした。しかし，その時はお互いに信頼できる「友」という存在が心の支えとなり，自分

---

*1　この文章は，生徒が在学中に学校生活を振り返って書いた文章である。

に一歩踏み出す勇気を与える原動力となりました。夏休み中，その友達と何回も相談して，休み明けから登校しようと決心しました。今まで目標もなくブラブラしていた高校生活でしたが，1つの大きな目標ができたことで「自分の可能性に賭けてみよう」と思い，努力することができました。

　夏休み明け，朝の人混みに慣れていなくて，登校する時のバスのなかでの生徒の会話や笑い声に緊張したことを今でも覚えています。久しぶりに感じる学校特有の臨場感はよい意味で刺激になり，「やっぱり学校はいいなあ」と思えました。それでも，はじめはクラスの雰囲気に慣れずにいました。しかし，周りのクラスメイトも私たちのことは理解していたので，優しく話しかけてくれました。そして，わからないことがあれば丁寧に説明してくれ，次第に授業も楽しくなり，毎日が充実したものになっていきました。

　また，授業の間や昼休みでの友達の会話に，時間が経つのも忘れるほど熱中しました。昨夜のテレビや趣味の話，時には腕相撲をしたり廊下ではしゃいだり，一見つまらないことのように思えますが，今思えばこうした何気ない楽しみがあったからこそ，弱音を吐かずに頑張ってこられたのだと思います。「いつもどおりの日常に小さな幸せを見つける」ことを意識して，日々を過ごせば気持ちが楽になると気づきました。それでも授業に疲れることもありました。そんな時は，自習室で休んだり，生徒ホールでラーニングアシスタントの大学生の方に声をかけてもらい，トランプなどをしてリラックスして元気を取り戻しました。

　そして先生方にもお世話になりました。単位制の先生はみんな個性的でおもしろい人ばかりですが，生徒思いでいつも生徒の立場から考えてくださり，進路のことや悩み事があった時にはよく相談にのってもらいました。私は，様々な人たちに支えてもらったから今の自分がいるのだと確信しています。

　1年生の1泊研修，2年生の海外研修旅行，単位制独自の体育的行事であるカヌー教室やトレッキング，特別礼拝など高校にはいろいろな行事があります。そのなかでも私は特に学園祭が一番印象に残っています。6月末に文化祭が行われ，7月には体育祭が行われました。文化祭では3年生は模擬店をすること

になり，私のクラスは装飾班・衣装班・宣伝班・調理班の４つに分かれて作業を進めました。私は調理班の班長になり，販売する商品の材料費を調べ単価計算をしたり，必要な容器を買い揃えたりと毎日忙しく作業を続けていました。もちろん，他の３つの班も必死で作業をしてくれていました。各班が責任感をもって臨んでいたので，いつの間にかクラスのみんなが自主的に協力し合っていました。

　当日は調理班の仕事が上手くはかどらず，途中で材料がなくなったりとハプニングが続出しました。「無事に終われるかな」と班長として少し責任を感じながらも，作業を止めてはいけないと，必死に声を出していました。すると，次第に全員が声をかけ合うようになり，気づいた時には，私が何も言わなくても，全員が自ら仕事をかってでるようになっていました。初めはどうなることかと心配しましたがクラスのチームワークで見事に乗り切ることができ，最初は消極的だった私の気持ちも，いつの間にか達成感で満たされていました。学年制と単位制が一緒に行う学園祭で，３年生の模擬店は好評で１位に輝き，２年生も演劇で１位をとり，１年生も装飾で３位に輝きました。単位制の生徒と先生方全員でこの喜びを嚙みしめました。高校時代の思い出は大切な財産であり，またそれは自信にもなり，気づかなかった自分の姿を再発見できる貴重な経験でした。

　私は昔から父に「悩むだけ悩め，そうやって悩むことが大事なんや」と言われ続けてきました。今思えば，高校３年間ずっと悩んでいた気がします。しかし，今こうやって，自分のことを話せるのは，やはり自分なりの答えを見つけてきたからだと思います。私が伝えたいことは，中学生，高校生にはまだまだ可能性が十分にあるということです。私は今まで，一歩踏み出すことができなかった時，自分にはできないと自分で限界を決めてしまっていました。しかし，単位制での生活を通して，仲間とともに新しい世界へ飛び出し，自分の殻をやぶることで，見えてこなかった周りの支えや自分の姿に気づき，「当たって砕けろ」の考え方で，何事にもチャレンジしていくことが大切だと気づきました。

(5) 仲間と思いを共有することができた研修旅行
【教師からのコメント】
　　小学校から不登校で修学旅行の経験もない彼が，高校2年で海外研修旅行の実行委員に選ばれました。仕方なく引き受けた実行委員の責任を果たすなかで，自分が必要とされていることに気づき，学校とは何かを自分なりに考え答えを見つけ出した3年間のあゆみです。

八谷勇斗（10期生　2012年度卒業）[*2]

　学校に行くことの意味とは何なのでしょうか。不登校を経験した人なら一度はこのような疑問を抱いたことがあると思います。かつての私もそうでした。小，中学校時代はなかなか教室に入ることができず，別室登校をしていたからです。そんな私がなぜ学校に通い続けることができたのでしょうか。単位制での3年間を振り返りながら考えていきたいと思います。
　1年生の1年間は，何もかもが初めてのことばかりでした。新しいイベントの連続になかなか慣れず，頻繁に体調を崩した時期もありましたが，学園祭や一泊研修など友達と過ごす時間は新鮮で，自然とクラスの輪のなかに引き込まれていきました。同じような過去をもった友達の支えはとても心強く，ほとんど欠席することなく学校に通い続けることができました。
　2年生になり順調だった高校生活に1つの壁が立ちはだかりました。海外研修旅行です。別室登校をしていた私が修学旅行に行ったはずもなく4泊5日で中国に行くなど不安以外の何物でもありませんでした。その上，それまで行事に積極的にかかわっていたことが災いし，研修旅行を中心となって運営する実行委員に選ばれてしまいました。実行委員の主な役割は現地の高校で行われる交流会の企画と運営です。やはり最初は気が進みませんでしたが，実行委員の仲間が音楽の得意な私にしかできないからとハンドベルや三味線の演奏，合唱の指揮という役割を託してくれたことで，私のなかで何かが変わりました。今

[*2] この文章は，生徒が在学中に学校生活を振り返って書いた文章である。

まで支えてくれていた友達が，自分を必要としてくれていることに気づいたのです。仲間と一緒に研修旅行に行きたいという思いが，不安に打ち勝った瞬間でした。

　予定していた交流会をはじめとするすべてのプログラムを終えて迎えた帰国前夜のことです。中国での最後の夕食の席で，実行委員が1人ずつ研修旅行に対する思いを語ることになりました。前日まで参加するかどうか悩んでいた人。パスポートを取らなければ行かずに済むと考えていた人。楽しかったという一言で終わらせることができたあの場面で，自分の苦しみを正直に語ってくれた仲間の姿は今でも強く印象に残っています。そして，みんなと一緒に来ることができて本当に良かったという実行委員長の言葉が，あの場所にいた全員の思いを代弁していたと思います。研修旅行にいけるかどうかさえわからなかった私でしたが，仲間と思いを共有することができた研修旅行は，一生の思い出になりました。

　3年生になると，すぐに最後の学園祭に向けて準備に取りかかりました。単位制生徒の会の副議長とクラスリーダーという2つの役割を掛け持ち，最上級生として迎える学園祭を最高のものにしたいと考え張り切っていました。ところが，単位制団のパフォーマンスで使用する音楽の編集に予想外の時間がかかり，クラスの模擬店責任者から仕事を頼まれても適当な対応しかできず，どの役割も中途半端になり，もどかしい思いを抱えていました。自分ひとりで抱え込んでいても何も変わらないと思い，研修旅行でみんなが自分を頼ってくれたように今度は自分が仲間を信じて頼ってみようと考え，基本的な仕事は各責任者に任せることにしました。そして私自身は，何かトラブルが起これば団長や責任者と納得するまで話し合う相談役に徹することにしたのです。

　どうすればみんなに熱意が伝わるのかを真剣に考える団長。クラスのメンバーをまとめられるのかと不安を感じていた模擬店責任者。多くの仲間の話を聞いていくうちに，葛藤を抱えていたのは自分だけではないことに気がつきました。それぞれが自分にできることを考え主体的に行動したからこそ，記録にも記憶にも残る最高の学園祭をつくりあげることができたのだと思います。

単位制での3年間を通して、学校に行くことの意味を見出すことができました。仲間とのつながりのなかで人と人とが支え合って生きていることを実感し、また自分が他者に必要とされる存在であることを認識する。そして自身の能力を知り他者に向かって発信することの大切さに気づく。これら3つの力を得ることが学校に行くことの意味であり、その意味を見出せたから、不登校だった私が3年間学校に通い続けることができたのだと思います。とはいえ、単位制に来て何もかもが順調だったわけではありません。逃げ出したくなるようなこともたくさんありました。それでも、単位制で出会った仲間が喜びや感動というプラスの思いはもちろん、悲しみや不安というマイナスの思いを受け入れてくれたからこそ、また明日も学校に行こうという気持ちをもち続けることができたのだと思います。

たしかに、学校に行かず1人で勉強して知識を蓄え、次のステップに進むことは可能かもしれません。しかし、何となく嫌だから、面倒だからといって学校や人間関係から逃げ出してしまっては、また必ずどこかで行き詰まってしまうのではないでしょうか。仲間と過ごしたかけがえのない時間からしか得られないものが数え切れないほど存在することを、単位制での出会いを通して心から感じることができました。そしてそれらが、社会に出てからも相手を思いやる想像力やコミュニケーション能力として生き続けていくのだと思います。

単位制で過ごす時間も、もう残りわずかとなりました。大学に行く人や専門学校に行く人、就職する人など進路は本当に様々です。ともに卒業を目指してはいたけれど、出会えた仲間と離れ離れになってしまうことはやはりつらいです。しかし、それぞれの道に進んでも仲間とのつながりが決して失われることはないと、私は確信しています。単位制での出会いを通して自分と同じようなつらい経験をした人がたくさんいることを知りました。そして、今度は自分がその人たちを助けてあげたいと考えるようになりました。単位制での学びを生かして大学で心理学を学び、学校に行きたくても行けない子どもたちの力になれる臨床心理士になるという夢を叶えたいと思います。

（6）仕方なく来たような世界でまったく新しい自分に出会う
　【教師からのコメント】
　　「どれだけ人とかかわらなければいけないのか」という不安を抱え，なかば仕方なく入学した単位制で自分の生き方を見つめなおし，まったく新しい自分に出会うことができた経験を語り，単位制・学年制の枠を越えて共感が広がった卒業記念礼拝でのメッセージです。

　　　　　　　　　　　　　　　谷口雄弥（5期生　2007年度卒業）
　私がこの学園で得たものはたくさんありますが，どれも自分に欠かせないものとなっています。私は中学生の頃，不登校でした。完全なひきこもりではなかったのですが，いつも他人とかかわることを避けていました。人間関係が狭ければ，周囲の人も自分自身もお互いに傷つくことはないと考えていました。単位制に入学したのはそのためでした。
　入学直後，一番不安だったのはやはり人間関係でした。その不安は「どれだけ友達ができるか」ではなく，「どれだけの人とかかわらなければいけないのか」というものでした。対人恐怖症とまではいきませんが，人間関係にめんどうくささは感じていました。しかし，いつも心の奥底に違和感はありました。「これでは何も変わらない」と。4月，5月とそんなモヤモヤした気持ちを抱えながら過ごしていました。そうしたなかで少しずつ自分に変化を与えてくれたのは単位制でした。
　発展途上の組織であるのにどこか頼もしく，「単位制」という空間そのものに支えられていました。自分のペースで学校生活を送ることができる単位制だからこそ，個人の時間が最大限尊重され，自分の生き方，考え方を見つめなおすことができたのだと思います。単位制での時間を重ねるうちに，今までの自分のなかにはなかった新しい感情にとりつかれました。それは，もっと多くの出会いや発見を重ね，幅広く深い知識や経験を得たいという外向きに発散されていく感情でした。半ば仕方なく来たような世界で，まったく新しい自分に出会うことができ，さらに次のステップに進むことができました。このようなこ

とは，自分にとってとても大きな自信となり，また心のよりどころとなっています。

また，このように自分が変わることができたのは，仲間がいたからだとも思います。必死に私たちの歩みを応援してくれた先生方や，ともに学び，協力し，時にはぶつかり，一緒に時を過ごした友達がいたからこそ，今の自分になれました。単位制の多くの仲間は，私のように周囲から影響を受け，自分の変化に気づき，大きく羽ばたこうとしています。しかし，そのように変わっていったとしても，過去の思いを忘れているわけではありません。むしろ，過去の良い思いも悪い思いもすべて受け止めているからこそ，変わることができたのだと思います。人よりどれほど遅くスタートしても，どんなに遠回りしても，誰より遅れてゴールしても，その人が自分の意志と力で進んだのなら，その人が劣っているなんて私は思いません。なぜならその人は，正々堂々と自分の道を歩んだからです。

この3年間，部活に熱中したわけでも優秀な成績だったわけでもありません。しかし，自分に可能性を与え広げてくれた単位制で学んだ時間は幸せでしたし，誇りに思います。私は今，空費した中学校生活にも，単位制の生徒であることにも，何一つ引け目は感じていません。単位制での3年間をかけがえのない宝としてこれからも歩んでいきたいです。

第3章

親から見た子どもの成長と親の変化
――保護者座談会

> 　2012年の春にわが子が卒業したばかりの保護者4名を招いて，座談会がもたれました。この企画は，単位制の「親の会」などを通して，保護者がどのようにつながり，子どもを支える視点を豊かにしていったのかを再確認し，さらに多くの教師，保護者，生徒の成長や回復のエネルギーにつなげていきたいと願い，特別に設定されました。
> 　「親の会」を通して，悩んでいるのは私だけではないと思えて，わかってもらえそうな人には話したいと思う。その思いがつながって，子どもが学校に行けていなくても家で元気にしてくれていたら，それがうれしいと思えるようになった，といったトピックスがたくさん詰まっています。

第3章　親から見た子どもの成長と親の変化

　単位制では保護者との連携を大切にしています。休みがちな生徒の場合は，なおさら保護者の理解と協力が不可欠だからです。学校の方針を説明する保護者会に加えて，保護者どうしがつながり，思いを語り合える場としての「親の会」を1年に3回ほど企画しています。

　今回は，「子どもが卒業しても，親どうしが集まって"同窓会"をしています」という一人の保護者からの手紙をきっかけに，保護者がどんな願いをもって子どもを単位制に入学させ，単位制の教育をどのように振り返っておられるのか，"同窓会"のみなさんにお願いして座談会を開催し，お話を聞かせていただきました。

【実施日】
2012年8月21日
【参加者】
　中村美由紀（9期生女子生徒（2011年度卒業，大谷大学進学）の母）
　中村　由季（9期生男子生徒（2011年度卒業，金沢工業大学進学）の母）
　深井和歌子（9期生男子生徒（2011年度卒業，立命館大学進学）の母）
　雨森　以純（9期生男子生徒（2011年度卒業，同志社大学進学）の母）
【コーディネーター】
　春日井敏之（立命館大学教授）

春日井　2001年に単位制が開設されて12年ほどたちました。この間，私も先生方と毎月1回事例検討会をしたり，単位制，学年制の先生方も含めた研修会や保護者対象の講座をさせてもらったりと，いろいろなかかわりをもってきました。実は，全国で最も先進的な単位制の取り組みをされているのが近江兄弟社なんです。

　大学生が高校生を支援するラーニングアシスタント（LA），学校内にある「親の会」，事例検討会，スクールカウンセラー（SC）やスクールソーシャルワーカー（SSW）の配置，学年制と一緒に併設されていることなどです。ここで育った生徒たちが，3年，4年を経て大学に行ったり社会に出たりして，足跡を確かに残している。それをぜひ，伝えたいんですよ。ここには，私たちが生徒たちや保護者のみなさんからいただいたエネルギーを，他の先生方，保護者，

生徒たちのエネルギーにつなげていきたいという思いがあります。そのために，子どもが卒業したてのみなさんのお話を伺う保護者座談会ということで，今回来ていただきました。

第1節　小学校・中学校の頃の子どもの様子

春日井　それでは初めに，小学校，あるいは中学校の頃の子どもさんの特徴的な様子について，お話していただければと思いますがいかがでしょうか。中村さんのお母さんから。

中村（美）　中学校の3年までは本当に普通に行っていまして，3年の最後ぐらいにちょっと女の子同士のいざこざというか，何か無視された，みたいなことがあって，3年の3学期には「行きたくない」と。でも，中学校の先生はあまり真剣に受け止めてはもらえなかったみたいで，本人は公立の試験までは耐えられないので私学に行くというので，私学を受けました。

高校からは中学校のみんなとはちょっと離れて京都のほうへ行ったんですけれども，最初は普通に行っていたんですが，ちょっとおかしくなり始めたのが11月くらい。だんだん「しんどい」「しんどい」と言うようになって，また何か女の子同士で，その時は「無視された」とか，本人としては以前のことが蘇ってくるみたいな感じになって，それで11月くらいからバタッと行けなくなりました。

ちょっとその時はひどい状態で本当に2か月くらいは寝たきりで，病院にも連れて行ったんですけれども，前の学校はもう単位が取れなくて，時間切れで「また，来年も1年生ですよ」みたいな感じになったので，みんなと卒業できないのはちょっとつらいということで，いろいろ探してここの単位制を見つけたんです。受験するまでもほとんど寝たきりのような感じだったので，行けるかどうか心配だったのですが，高校生活をまた一からやってみると言うので，こちらに来させてもらうようになりました。

春日井　ありがとうございます。では，中村君のお母さん，いかがですか。

中村（由）　中1の3学期ですね。冬休みを終えてから1日だけ登校して，それからバタッと1日も学校に行けない状態でした。別室登校とか，お友達と遊ぶとかはできずに，まったく人に会えない状態で，中1に行けなくなってから中2，中3と過ごしていました。小学校の頃からそういう傾向があったのかなということを思います。たとえば，小学校3年生くらいの時にスポーツ少年団の野球部に入っていて，小さな小学校だったのでほとんどのお子さんが入っていらして，うちの子も入っていたんですけれども，途中で挫折して抜けたりとかでした。とにかく自分が完璧にしなければいけないとか，一番じゃないといけないとか，そういう傾向が小学校の頃からありました。

　中学に入って，最初は学業のほうも頑張っていてわりと良かったんですけれども，後半になって，夏休み明けのテストでガタッと成績が下がってしまって。原因は，いまだにわからないんですけれども，結構そのあたりから行きづらくなっていました。

春日井　そうすると中学校は1年の3学期に1日来て，それ以降は中2，中3と登校できずに，単位制に来られたということですね。それでは，深井君のお母さん，お願いします。

深井　中2の夏頃から塾にまず行けなくなりました。過敏性腸症候群と，病院に連れていった時には言われたんです。塾に行く時間になるとひどい下痢をしたり，吐き気がしたりして，塾はもう行かなくてもいいということで夏はそのまま過ぎて。そうしたら今度，学校のほうも運動会の時期，9月の末頃から朝，トイレにこもって出てこないとか。

　私も仕事をしているので，「行くの，行かないの，どっちなの」みたいな日々がずっと続いて，いてもたってもいられなくなって，心療内科へ行こうと誘ったんです。診ていただいても身体的にはどうもなかったので，心の面かもしれないしということで心療内科へ行こうと勧めたんですけれども，本人は「ぼくはそんな病気じゃない」と言うので，私がカウンセリングを受けるという形で心療内科に行ったんです。

　そしていろいろと流れを話したら，先生が「お母さん，この子はたぶんいっ

ぱいいっぱいなんだろう。だから休ませましょう」と言われたんです。私も，なかなか自分のなかに落ちなかったんですけれども，そうしないとこの子は壊れてしまうと思ったので，「休みなさい」ということで，2学期中休ませました。その後なんですけれども，休んでもいいと言っているんだけれども，彼のなかでは行かなきゃいけないんです。それで，週に1回，2回，本当にボロボロになりながら行って帰ってくるようなことを続けていました。

　春日井　えっ，「お医者さんも言っているし，しばらく休もうね」とお母さんも当然言われるわけですよね，それでも子どもが「行く」って言うの？

　深井　「朝，家を出られたら，学校に行きたい」と言うんです。保健室登校なんてとんでもないし，教室で勉強したいわけです。友達関係も，別に何もまずいことはなく，行ったら友達は迎えてくれるし，絶えず連絡をくれるお友達はいるし。学校とはおかげさまでずっとつながっていたので，中2はそのまま週に1回ぐらいの登校でしたかね。中3になって担任の先生が替わられてもうちょっと行けるように，週に2回とか，それぐらいの感じでずっと続いて，行く日は朝から行きました。

　進路を決める段になってやっぱり普通科へ行きたい，普通に学校生活を送りたいということを言いまして，「通信制だとか単位制だとか，いろんなシステムがあるから勉強したら？　どういうのがあるのかを知るだけ知ろうよ」とすすめたんですけれども，秋のオープンキャンパスには来られませんでした。連れて来たかったんですけれども，とても来られる状態ではなかったです。10月になってようやく引っ張り出せて，それで単位制のシステムを彼自身が納得して，ここにすると言いまして，すぐに中学校にお願いに上がったという流れがあります。

　春日井　わかりました。じゃあ，雨森君のお母さん。

　雨森　うちはすごく田舎なので1クラスが10数人とかでクラス替えはないんです。上の子のクラスも，下の妹のクラスも20人そこそこでした。良くても悪くても同じ，クラス替えはなしという状態なんです。妹の方が，3人の友達のなかでいざこざがあって，夏休み中にプールで泳いでいて，ボコボコと頭を沈

められたとか，そういうことがたびたびあって，相手のお家にも言いに行ったんですけれども解決してもらえなくて，小学4年2学期に1日だけ行って休み始めました。

　上の兄のほうは，その時中1だったんですが，10月末くらいから月曜日と火曜日が行けなくなって，水曜日も休むようになって，12月くらいにはもう全然出席できなくなりました。妹のほうが先に不登校になってきた時に，親としては「まあ，休んでもいいや。また行きたくなったら行こうね」という対処の仕方をしていたんです。上の兄も「ちょっとしんどい」と言った時に「休んでいいよ」と言ってやれば良かったんですが，中学校1年生ということもありましたし，下の女の子は小学校の4年生だからいいけれども，上の子は男の子だし，休んでくれると困るという感じで，主人も私も「行け，行け」という状態だったんです。

　子どもにすれば，それがもう精いっぱいということで，結局，中1の12月くらいから全面的に休んで，2年生も3年生も休み，3年生の卒業式と，卒業式のリハーサルの日だけは登校してみなさんと一緒に卒業式をしたということなんです。

　妹は，4年生の2学期の始業式のあとからずっと中学1年生も休み，中学2年生の2学期から普通に行けるようになったんです。3年生はほとんど欠席することなく行けるようになったんです。でも兄がここの単位制にお世話になって，文化祭とかに寄せてもらってすごく楽しそうにしているのを見て，「私は絶対高校はここや」と中学1年生の時から決めていたので，今寄せてもらっています。

第2節　近江兄弟社高校単位制入学のきっかけ

春日井　2つ目なんですけれども，この近江兄弟社高校単位制を選ばれたきっかけについてです。本人が見学に来て決めたとか，親や担任がすすめたとか，いろんなことがあるかと思いますが，何かきっかけがあったんでしょうか。

中村（美） 前の高校に11月からバタッと行けなくなって，続けて行くことはもうできないと本人も思っていたので，探したのは私でした。実は前の年にここも受験しておりまして，その時に単位制があることは知っていたんですけれども，1年上の子をとってくれるかどうかというのが全然わからなくて，お電話したりして私が聞きました。本人はそれどころではなく，何も考えられないような状態で，2月ぐらいになって「もう一度高校生活をしたらどう」みたいな話をしました。

友達のなかには通信でやっているお友達もいましたし，土曜日だけが行く日とか，いろんな学校があるということはその時にわかっていましたけれども，親には，お友達との生活をもう一度させたいという強い希望がありましたので，本人にも，1回ちょっと先生にお話を聞きに行ってみようということで，その時安藤先生にお会いしました。みなさんもう決まったあとで，本当に入学試験も最後の最後にしていただいたという形でした。

春日井 わかりました。じゃあ，もう1人の中村さん。

中村（由） 私のところは中学1年の後半に行けなくなったので，月1回だけ，本人はまったく来ていないのですが，私だけ学校訪問はしていたんですね。その時に先生のほうも「本人には何も言いません，そのままにしておきましょう，今はね」ということだったので，どういうパターンでこの子の進むべき道があるのか，動き出した時に親が勉強しておくといいからと相談していたんですね。

そうしたら担任の先生がパンフレットを何枚か持ってきてくださって，先生たちのご意見は，近江兄弟社高校の単位制がとてもいいですよとすごくおすすめでした。私もいろいろ見て，私も心のなかで「いいなあ」と思っていたのですが，子どもには全然言わずにいたんですけれども，ちょっと動き出したし，最後に地元の支援センター（適応指導教室）にちょっと行けるようになった時に，支援センターの先生も同じように「難しいけれども，近江兄弟社高校に行けるといいですね」と言ってくださっていたんです。

でもやっぱり動けなかったんです。第1回目の入試が11月でしたね。それま

第3章　親から見た子どもの成長と親の変化

ではまったく行く気もなく，急に「行こうかな」と言ったのは，その頃でした。私はそれまでは何も学校のことは言ってなかったんですが，子どもが急に言い出して動き出したのが11月の初めくらい。オープンキャンパスを3校，自分から言い出して回りました。3校目の近江兄弟社に来て，「もう，ぼくはここが一番良かった，ここにする」と言ったんです。だから，中学の先生にもすすめられたことが私は心のなかですごくうれしくて，それからは第1回目の入試に間に合うように書類を書いていただきました。

　春日井　じゃあ，深井さん，いかがですか。

　深井　普通科受験を彼は，ずっと言っていまして，中学3年の夏休みの時も「2学期からは行くから」と言っていたんですが，やっぱり2学期が来ても無理でした。私はオープンキャンパスに来て単位制の概要は知っていましたので，「こんなところもあるよ」と，ちょっと話をした程度だったんです。10月に入ってからでしょうか，中学2年よりは出席日数は増えていたんですけれどもそれでもやっぱり行けなかったので，自分の今の身体の状態では普通科は無理と思い始めたんですね。

　11月のオープンキャンパスに一緒に行ったんですが，初めは，「頭が痛い」「気分が悪い」「もう体験学習はしなくて帰っていいか」とか，そんな状態で，とにかく話だけ聞いたら帰ろうみたいな状態でついてきました。あの子にしたら目から鱗というか，こういうシステムがあるんだ，というような感じでした。「普通の学園生活が送りたい」ということはずっと言っていましたので，こちらだったら，部活や文化祭に参加できるかもしれないというのが，彼にとっては一番魅力だったと思います。その日の体験学習も「もう帰る」と言っていたのが，結局最後まで受けて，すごくいい顔をして帰ることができました。

　春日井　じゃあ，雨森さん，どうぞ。

　雨森　先生は公立よりも私学をすすめてくださっていたので，実のところこちらのオープンキャンパスともう1校の両方に寄せてもらいました。最初にここへ来た時から「ぼくは絶対ここに来る」と決めていたみたいでした。同じ中学校で学校に行けない子が，うちの子を含めて3人いたので，その男の子3人

で行きましょうということで寄せてもらったんですけれども，ほかの2人の子どもさんは別の高校へ行かれたので「どう言うかな」と思ったんですけれども，すごく意志が固く決めました。

　オープンキャンパスを案内してくださった先輩の生徒さんがすごく親切な方で，私たち保護者の案内も生徒の案内もすごく良かったです。何度かオープンキャンパスがあったわけですけれども，私たちのことを覚えていてくださって，「この間も，来てくれたね」と言って誘導してくださって。

　春日井　ありがとうございます。小学校から中学校に行けない時期があって，だからこそ高校をもう一度やりなおしたい，普通に学校へ行きたい，友達がほしい，そういう願いはみなさん共通してもっていますね。土壇場もあれば，少し前もって親が先を考えてとか，時期の違いはあるけれども，最終的には本人が「行く」と決めたということが一番大きくて，それが3年間続いたということのベースになっているのかなと思うんですね。

　中村（美）　入る前にちょっと連れてきて安藤先生とお話して。子どもも毎日来られるとはまったく思っていなかったみたいで，単位も今までの高校よりも時間的に余裕もあるし，全部取らなくても上がれるとか，そういうのをいろいろ考えて，ここしかないと思ったみたいです。当時は，パニック障害にもなっていましたので電車にも乗れませんでしたから，遠くへ行くのは無理だし。修学旅行とかには，恐いけど行ってみたいというのがあって。電車とか乗り物がだめになっていましたので。普通の高校生活をもう一度やってみたいというのもあって，安藤先生とお話した時に「受ける」って決めて，それから最後の入試になんとか間に合うように，前の学校にもいろいろお願いして書類を出してもらって受験したんです。

第3節　単位制での出会いと子どもの変化

　春日井　それでは3つ目なんですけれども，本人の高校3年間の生活の様子とか，変化についてです。転機になったようなできごと。3年間を振り返った

時に印象に残っていること。3年間を今振り返ればこんなふうに変化してきたなとか，そんなことはありますか。

中村（美） ほかのお子さんみたいに高校に毎日行くとかいうのがまったく無理で休みがちでした。勉強についていくのも精一杯で，私も最初のうちは「行かせなくっちゃ」というのが心の底にあってちょっと厳しい顔をしていたと思うんです。けれども，だんだんお友達ができて，学校に行っている時は楽しく過ごしていました。過呼吸とかがあったので本当に先生方にもすごくご心配をかけたんですが，一番の転機は中国への修学旅行でした。飛行機に乗るので，すごく恐かったと思うんです。その前の1か月くらいは学校に行けないような状態で，修学旅行もだめかなと思っていたら「行く」と言いました。行って帰ってきてから何か気持ちが変わったのか，あれが本当にいい転機になったと思います。

春日井 まさに飛躍ですね。

中村（美） それがうちの子にとってはすごく良かったみたいで，ちょっと余裕が出てきたような感じになりました。本人は中国で現地の人と片言の英語で話をしたり。それから，一皮向けたみたいな感じになって。私自身もやっとその頃になったら，無理に行かなくてもみたいな感じになってきて，それから将来のことを考えられるようになったと思います。ずっと3年間卒業するまで休みがちで，指定校をとれるような状態ではなかったんですが，ちょっと変わったような気がします。

春日井 では，もう1人の中村さん。

中村（由） うちもずっとやっぱり引きこもっていましたので，「行く」ということ，「通う」ということが大きな課題で，すごく苦しんでいたんですけれども，まず変わったのは，お友達だと思いますね。「ぼくはちょっと違うんだ」とか，よく言っていたんですよ。でも近江兄弟社のお友達に出会ってからは，ちょっとずつ，すぐには出せないんですけれども，自分の姿を気楽に出せるようになっていきました。

ちょうど入学してすぐでしたけれども，それまでこもっていたので，病院で

お薬をもらって落ち着いたほうがいいと言われました。初めは,「絶対行くもんか,ぼくは行く気がない」と言って拒否していたんです。でも4月終わりくらい,「お母さん,ぼく,病院行く」と言ったんです。「病院へ行って薬をもらいたい」と言って。初めて病院に行って先生の話を聞いて,お薬にちょっと頼りながら,ちょっと押してもらいながら,休みがちでしたけれども,少しずつ動けるようになったのは,すごく変わったなと思いました。

　ご飯も本当に食べられなくて,人前でも食べられないし,いつも緊張していたのが,やはり友達とか先生がだんだんわかってきて,自分を出せるようになって少しずつ解けてきたというのがすごく感じられましたね。3年を終えて思うことなんですけれども,徐々に自分というものが出せるようになってきたのかなあと思います。かなり休みながらですけれども,ここなら変えられるみたいな居場所を自分自身が確信できたみたいな,そんな感じに思います。

　あと,2年生で行く修学旅行も,「とんでもない,絶対そんなのは行かない」と言って,寸前まで迷って行ったんですね。そうしたら「ご飯もちゃんと外で食べられた,お母さん」「なかなか,良かった」とか言って帰ってきたんです。疲れたんですけれども,やはりものすごく成長したなと思います。それも仲間がいたからで,感想文にも書いていたんですが,「この単位制に入って良かった。ぼくはみんなに支えられた」と。何かを感じて,居場所というものがここだということを思ったのかなと思います。

　春日井　なんで4月末に,自分で病院に行くと言ったんですか。

　中村（由）　やっぱり苦しかったからだと思います。たとえば電車に乗って,人の声を聞くと,その雑踏がいやだとか。そういうのが絶対だめで,人の前でご飯が食べられないからお弁当も全然手をつけられないとか。あまり言わないんですけれども,学校に行くとものすごくストレスを抱えて帰ってくることがいっぱいあったと思います。

　春日井　それでもやっぱり,近江兄弟社に行きたいという願いがあったんですね。

　中村（由）　そうだと思います。だから仲の良い友人が入学してすぐにでき

たんです。まず自分を楽に出せるとか，自分が格好つけていた部分もあるだろうし。この友達はすごいと今でも言うので，今もつながっているんですね。それがなかったら，たぶんそういう言葉も返ってこないでしょう。たとえば自分が約束を守れなかったとしても，「安心感がある，わかってくれるわ」と言うんです。私たちから見たら「本当？ ちょっと大丈夫？」と思うんですが，「理解してくれるって。大丈夫だ，あの子は」と言うんですよ。

　　春日井　じゃあ，深井さん，いかがですか。

　　深井　本当に通えるかなとずっと不安でたまらないまま入学したんですけれども，学年制の友達がたまたま同じ中学の出身で，ちょっと知っていたという子が同じ電車に乗り合わせるようになって，朝結構しゃべりながら来ることでリズムがついていきました。それでもやっぱり1年の時は，週に1回くらいは休んでいました。

　自分にすごく自信をなくしていたんですね，自分の身体が思うようにいかないとか，やろうと思ったら頭が痛くなって動けないとか。ところがここへ来ると，わかってくれる友達がいる。あっ，ぼくだけじゃなかったみたいな。彼は「救われた」といったら変なんですけれども，わかってくれる人がこんなにいるんやというところで，自信を少しずつ，貯金みたいにして，1年から2年と貯めていけたような気がするんです。

　毎日行けるようになると，やっぱり授業はおもしろいし，授業中の話とかを家でよくするようになって，「何々先生はこんな人でな」とか。彼の話からすると，スッとまっすぐここの教師になられたという方もいらっしゃるでしょうが，いろいろ回り道をして今ここにいるみたいな先生方が多くて。

　　春日井　教師の挫折体験が，子どもの救いになるような感じですね。

　　深井　先生でもそうなんだ，みたいな，その辺が彼にはすごく大きかったみたいです。友達もなんですけれども，先生から受けた影響も彼には大きかっただろうと思います。よく先生の話をしていました。ひとつの転機は，指定校推薦は欠席が多かったので無理だったんですけれども，高大連携アカデミックプログラムというのを担任の先生が，2年生2学期の懇談会ですすめてくださっ

たんです。

　「これは彼向きですよ」と言ってくださって，彼は「頑張ったら大学へ行けるんや」という1つの目標がもてて，そこからは全然休まなくなったんです。だから目標をもつというのはすごいことなんだなと。今は大学は1日も休まず，サークルまで入って楽しく行っています。

　春日井　よかったですね。じゃあ，雨森さん。

　雨森　きっかけというのは，オープンキャンパスに寄せていただいた時かと思います。ここに入りたくて，オープンキャンパスに寄せていただくたびに，学園の生活などのスライドを流してくださって，直接お話を聞いてということでした。中学校からは誰もおられなかったので，寂しいから無理かなと思ったのですが，逆に今までの自分を誰も知らないところで，それがかえって自分の違った面をつくっていけるというふうに思ったのかなと思います。

　自分自身としては絶対に進学したいということと，オープンキャンパスで教えてくださった指定校推薦をとれば大学も行ける。どうしても行きたい大学のことを思っていたみたいでしたので，朝は6時40分に自転車で出て，6時50分のJRに乗る。かなり疲れますし，1日行って帰るだけで小旅行のようでクタクタですし，クラブとかは入れないんです。けれども，指定校推薦を受けるには3年間で15日以下しか休めないというのを聞いて，「絶対ぼくは休まない」と。最初の入学式の日に，「細く長くでいいですから，そんなに無理しなくていいですよ」と担任の先生も言ってくださったんですけれども，自分としては「絶対に休まない，絶対に遅刻しない」というのを決めていたみたいです。

　春日井　じゃあ，皆勤賞とかいうのを取ったの。

　雨森　ちょうだいしました。あれだけ休んでいて朝起きられなかった子が，ここは自分のペースで学んでいけるという，そこにすごくひかれて指定校推薦をいただきたいと思ったのか，「ぼくは休まないし，遅刻しそうになったら，お父さん送って」と言って，駅まで車で送ってもらったんです。お弁当も入学した1年生の時は一番最初，小さいおにぎり1つだったんです。それが4月，5月になっていくにつれておにぎりが2つになって，それから3つになったん

です。そして一学期が終わる頃には「おかずもほしい」ということになっていきました。

春日井 自分1人ではないというのはいろんな意味があって，同じような悩みを抱えているということが大きいですね。「不登校をやってる生徒の気がしれんわ」というような反応ではなく，あるいは「それは弱い生徒だ」というような見方もあるなかで，しんどさとか悩みが出せる。そういうことをどこかで誰かに聞いてほしいという思いをみんなもっているんですね。

中村（美） 自分のことを話したい人は話すけれども，絶対に言いたくない人もいるので，聞かないということを基本にしていたので，今みなさんの話を聞いて「ああ，そうだったんだ」とわかることがあります。でも時々子どもに，他の人のことを聞いてしまうことってあるんですよね。でも，「いや，聞かないことにしているから」と言うんです。みんなのなかでもそういうのがあったらしくて。

春日井 なるほど。いちいち話さなくてもわかり合えるという，そこが正確な表現かなあ。

繊細な気持ちをもちながらも，上手に距離をとったり，気持ちをわかり合ったりしながら，生きていく術を学んでいく場にもなっているのかなと。友達だったらみんなわかり合えるからみんな語ろうと，そんな感じではないし，ねほりはほり聞くということでもない。自分を必要以上に語って，「聞いて，聞いて」という感じでもない。そういうのが，実際に同じような年代の友達関係の軸になっている気はするんです。

第4節　単位制での出会いと親の気づき，変化

春日井 では4つ目ですけれども，3年間のなかで，親たちはどんなふうに変わってこられたんですか，あるいは変わらなかったのか。つまり，苦戦している子どもを支えていくという親のあり様が問われるわけです。どちらかというと，初めは心配で，「学校に行け，行け」と親も言うじゃないですか。ある

いは口では「いいよ」と言っていても，にじみ出るオーラがそうではなかったりします。それから子ども自身も，やっぱり「行かなければ」と思ったりね。そういうなかで，周りからは「あそこの親はどうやねん」みたいに見られたり，先生からもいろんな思いをかけられたりします。

　そんななかで，親自身の葛藤や悩みもあったと思うんです。この3年間で，親同士のつながりはどうだったのか。単位制は，親にとってはどういう学校だったのか。どんなふうに親の気づきや変化があったのかについて教えてください。

　中村（美）　うちは最初に単位制「親の会」があった時に，出席しようかどうしようかと悩んだんですけれども，まず1回目に参加させてもらいました。その時，先輩の親御さんもいらっしゃって，いろんな話を聞いていて「やっぱり，みなさんもそうなのかなあ」というのがありました。そのうちに同じ学年のお母さんとお話するようになって，いろんな情報を聞いて，やっぱりみなさん同じように思って悩んでいらっしゃることがあるのもわかりました。自分もたぶん3年間ずっと「行け」という目はしていたと思うんです。単位も，最後の頃になると表が出るんですよね。学校へ行くと塗っていって，「大丈夫」というのがあって，ぎりぎりの出席で，「これで助かった」というようなのを親子でしていました。

　私としては，「親の会」でお友達がたくさんできたことがすごく心強くて，時々お昼ご飯を食べたりして情報交換をしていたんです。うちの子は，「親の会」には「行っても行かなくても，どっちでもいいよ」みたいな感じで言ってくれたので，私は友達がたくさんできて良かったんです。子どもは子ども同士で仲が良いですし，今でも連絡を取り合っているみたいです。

　春日井　なるほど，それいいなあ。

　深井　学校のほうで意図的にすごく親のつながりというのを準備してくださっていると思うんです。「親の会」もそうだし，懇談会も子どもの状況に応じたグループ分けをしていただいたりとかね。そこで私は，「親の会」も含めていろんな懇談会のなかで，ネットワークもできたし，自分自身がすごく安定し

ていったように思うんです。

　子どもと同じで,「あっ,自分だけじゃなかった」と。こんなに自分のことをわかってくれる人がいるんだと。今この人はこういうことに苦しんでいるとか,そういうことが共感できる。それはやっぱり,出会いの場を準備していただけたからだという感じがしています。

　春日井　親が安定したことが,子どもにどう影響していったんですか。

　深井　中学校の時は医者から「休ませましょう」と言われたけれども,やっぱり,行ってほしかったんです。高校も行ってほしいし,大学も行ってほしいと正直思っていました。でもここへ来させてもらって,そうやって調整している彼はそれでりっぱなんやと思えるようになったし,だからやっぱり余分なオーラが出なくなったのではないですかね。そんな気がします。

　春日井　なるほど。じゃあ,もう1人の中村さん。

　中村（由）　私は,高校の単位についてはまったく把握していなかったんですけれども,休んでいるなとは思っていたのです。自分のペースで,やっているなというのはすごく思っていました。だから3か月の冬眠というのが,実はうちにあったんですけれども,すごく長く休んでいました。

　その時はさすがに私も,「ウワァー,大丈夫かなあ」と焦りましたけれども,やはり自分で急に,「明日から行く」とかばんを持って行くんですよ。それは学校を休んでいても先生も受け入れてくれる,友達も受け入れてくれるという居場所があってまた戻れたという感じなのです。親も結局は安心していられたというか,最初不登校になった時は,行くことばかりを思っていたんですけれども,自分で調整して,休む時は休みながらやっていると,力が出てまた行けるんだということを私自身も学びました。

　「ああ,また休みか」と落ち込んだ時もありましたけれども,地元の人にはとても子どものことなんてしゃべれないのに,同じ悩みを抱えたお母さん方には,こういう場所だと「私の子はこうなんだけど」と話せて,「私のところもこうよ」と聞くと,ちょっと安心して。子どもが今,ここにこうしていることがいいんだから休んでいてもいいんだと思ったり,あと先生が「こんなんでも

やっていましたよ」とか，言ってくださるんです。

　行った時には「がんばってやっていましたよ」と言われると，「あっ，そうか」と思って。こういう会で少しずつ話をして，お話を聞くことによって，またちょっと前のように欲が出て，「また休んでる！」と思う自分に気づいて，「あっ，いけない，いけない」と。私自身が鍛えられる場所だったというか，反省をしながらまた前に進むというふうに，子どもとともに親も成長させてもらえた気がします。それはやっぱり先生の支えがすごくあったと思います。この単位制のシステムがあって生き残れたと思うんですよ。そうでなければ，やっぱり不登校になっていたと思うので，この場所がなかったらあの子も大学には行けなかったと思います。

　深井　「親の会」は，私が楽しみだったんです。安心したみんなの顔を見て，そして現状を語り合うだけでもすごく楽しみだったし，今は学校と離れるということが，自分の母校ではないんだけれども，すごく寂しくて。それで，親同士の同窓会を6月にしたんです。

　春日井　それはすごいことです。じゃあ，雨森さん，いかがですか。

　雨森　ここへ寄せていただいて，今日は春日井先生が「どうだったの？」と言ってくださったので，中学校のこととか小学校の話をしましたけれども，本当に子どもたちもそうなんですが，親自身も，教室に入った時に「どうやったん？」とか，昔のことを聞かない。聞かれないし，自分たちでも聞かない。「親の会」では，親たちはいっぱい聞いてほしいのでしゃべるんですけれども，担任の先生からも聞かれないんです。

　「どうやったの？」とは聞かれないんですが，けれども全部わかっていてくださっているので，すごく安心してここへ寄せていただけますし，「親の会」というので自分たちの横のつながりがあって，「お宅さんはどうやったの」ということを言い合って，「あっ，一緒やったんか」ということが，いっぱいあります。今まで中学校とか小学校でしたら，本当にうちだけが不登校でどうしたらいいかわからないし，近所のお母さんにも相談できないし，田舎なので特にそうなんですけれども，相談したくてもできなかったんです。

第3章　親から見た子どもの成長と親の変化

ですけれどもこの「親の会」でほかのお母さん方とお話して、またメールの交換もさせていただいて、私自身が本当に寄せていただくことが楽しみでしたし、安心もできました。

「朝行ってくれた。やっと行ったから、今日はスッとした」ではなくて、「行かなくてもいいんだよ」という気持ちになれました。「学校へ行っていなくてもいいんや。ここで、家のなかで明るくしていてくれたらそれでいいんや」という考え方に変わりました。今まででしたら、学校へ行ってくれなかった日は、絶対鬼みたいに夜まですごくにらみつけていたし、普通にしゃべってはいなかったと思うので。「今日はご飯食べなくてもいいわよ！」とか、そこまでは言わなかったんですけれども。

うちの場合は、朝に5分でも遅刻したらもう行けないんです。もうそれで全部休んでしまうということですので、半分行くということで半分のご褒美もあげられないということでした。ですから行ったから○、行かないから×とずっと思っていたのが、「親の会」で聞いてみると、途中から行っている子どもさんもおられますし、子どもから、「今日は17人やった」とか、クラスには33人とかたくさんおられて、たくさん休んでおられても、その子たちが途中から遅刻して来ても、「なんで今日遅れたん」とかいう話は誰からも言わない。

途中から来ても、普通に朝から来ている子と同じ生活をしているという、それを聞いていて親もすごく安心しましたし、親同士でそういう話をさせていただくのもすごく安心できました。

春日井　なるほどね、いい感じやなあ。親自身が「親の会」を通してつながっていけたとか、親も子どもたちと同じように、私だけではない、うちだけではないと思えるとか、やっぱりわかってもらえそうな人には話したいという、当然な願いがあります。その思いがつながって輪になっていって、子どもが学校に来ていなくても家で元気にしてくれていたら、それがうれしいと思えるというのはとても大事なことです。親がそんなふうに思える時、子どもは安心して休めるから、家にいてエネルギーを蓄えられるわけです。

お母さんと一緒にDVDを見ているとか、映画を見に行くとか、行かない日

でもお母さんが不機嫌ではなくなったとか，普通に過ごしてくれるとか，そういう関係ってものすごく大事ですよね。安心して家で休める環境になったので，自分のペースで時々一息入れながら，「また行くわ」と言って，だんだん行けるようになっていく。自分なりのペースのつくり方を学んでいくのを，うまい具合に助けてもらっているという感じがしますね。そういう点でも「親の会」というのは自助グループとして非常に有効に機能している。お母さんが自分の母校のように思えるというのは，先生方にとってもすごくうれしい言葉ですよ。

　深井　本当に寂しかったんですよ。

　雨森　本当に深井さんからはこの言葉を何回も何回も聞きました。「もうこれでここへ来られなくなるのがつらい」と言っておられたので。3年の時は同じ役員をしていたので，私たちはほかのお母さん方よりはたくさん学校へ寄せていただいたんです。私も，本当に寂しいなと思います。

第5節　単位制の先生とのかかわり

　春日井　じゃあ，5つ目ですけれども，単位制の先生とのかかわりについて，今振り返って思われることはありますか。挫折もいっぱいしてきて，持ち味いっぱいの先生。あるいはどちらかというと若い先生が結構多いし，まだ不十分な点ももちろんある。それで私たちも毎月1回，そういう若い先生に実際の事例を出してもらって，検討会をしています。みんなでワイワイ言いながら，どうやってこの生徒を支援していくかという話を10年ほど，ずっとやってきているんですけどね。そういう先生の対応は，親や子どもたちにはどんなふうに映っているんでしょうか。

　中村（美）　うちの子は，本当に泣き言が多くて，それでよく先生のところにいろいろ言いに行って，相談室で面談みたいな形が多かったんですけれども，本当にちょっとしたことからよく話を聞いていただきました。すぐに解決することではなくても，いつも聞いてくださって，相談室でよく泣いたこともある

第3章　親から見た子どもの成長と親の変化

みたいです。学校で何回かパニック障害で倒れたこともあって，「来てください」と言われて迎えに行ったこともありました。

　しょっちゅう迎えに来て，その時に担任の先生とお話をさせてもらって，心強かったですし，スクールカウンセラー（SC）の先生のところへもよく行って，パニック障害についての相談もしました。高校へ行けなくなってから心療内科に通っていて，一時はカウンセリングも受けていたんですけれども。修学旅行前にすごくナーバスになった時，スクールカウンセラーの先生に相談しました。その先生に何回かカウンセリングをしてもらっていたらすごく良くて，それから2週間に1回とかしていただいたんです。今は毎月1回，その先生に紹介された心療内科のカウンセリングに行っています。いろんなことできっかけをつくっていただいたり，気持ちを出す場所をつくっていただいたりしました。

　あと，ラーニングアシスタント（LA）さんです。大学の学生さんが，親身になって話をしたり聞いたりしてくれて，よく授業を受けられなくなったら生徒ホールに行って，LAさんと話をすることが多かったみたいです。それもすごく楽しくて，いまだに話をします。

　春日井　実は，私はLAを大学から送り出しているほうなんですよ。

　中村（美）　それが楽しくて，なんとかさんは良かったとか，なんとかさんは何をしているかなとか話しています。そういうなかに入ってすごく良かったと，そういう時間がもてたことは良かったなあと思います。

　春日井　そうだよね。担任の先生はもちろんだけれども，スクールソーシャルワーカー（SSW）の野本さんとか，カウンセラーの武藤さんや田中さんとか，LAの学生とかね。学生なんかは一番近いから自分のモデルになりますからね。自分も近い将来，あんなふうになりたいなとか。だから大学に行こうとか。

　あといかがですか。では，もう1人の中村さん。

　中村（由）　私がずっと思っていたのは，子どもはあまり自分のことを先生に相談に行くとか，そういうタイプではないので，やっぱり見守っていてほしいという感じなのです。自分のことを，知らず知らずのうちにわかっていてもらいたいというタイプなのです。

ぼくはこうですからとか，そういうことを口に出しては言わないけれども，見ていたらそれはわかるんですけれども，やっぱり戻りやすいここの空間は居心地がいいというのをすごく思いました。

それは先生たちが，こういう性格の子どもにはこういう対応，うちの子みたいな子には，ちょっとそっとしておくとか。対応をそれぞれひとりずつで変えてくださっているんです。ここの先生は，すごくそういうのに力を入れて，努力してくださっているなというのを感じました。だからうちの子も過ごしやすく，結局この学校にずっといることができたんだと思います。

春日井 なるほど。そうだね，大事なことって言葉にしにくいから，ましてや，葛藤しているさなかって，聞かれてもうまく言葉で返せないじゃないですか。言葉にしちゃうとちょっと違うなと思ったりするんですよ。だから，どんな時も一緒にいてくれる人の存在って，結構大事なんですよね。その原点は，やっぱり家族なんですけれどね。

家族で，毎日深刻な家族会議はしないでしょ。かといって家族団らんの楽しい日々ばかりではないでしょ。みんなそれぞれ好き勝手なことをしていても家のなかにいて，何となく落ち着いた雰囲気ができるということ。だから，「一緒にいること」の意味って結構大きいんですよ。「気にしているよ」というメッセージを出しつつ，突っ込まないで一緒にいてくれる先生たちも同じですね。見守って待ってくれているからある程度エネルギーを貯めて，ポンと学校に行けたりする。そういうことなんですよね。

中村（由） 1つエピソードがあるんです。大学で下宿生活を始めることが決まったのに，準備もせずほとんど寝ていたんです。「これはもう行けないわ，無理かな」と思っていたら，急に準備を始めて，なんとか1人暮らしを始めたんです。しばらくして単位制のアルバムがうちに届いたので下宿に持って行ってやったんですよ。そうしたら，ジーッと見て，本当にびっくりするくらいジーッと眺めて，「ぼく，これで頑張るわ，もう1回」と言ったんですよ。

やっぱり，疲れていて自分がまたへたりそうだったんでしょうね。親にはそんなことはごちゃごちゃ言わないですけど。でもアルバムを見ていて，それか

ら「やっぱり，もう1回頑張るわ，お母さん」とか言ったんですよ。

春日井 人生のお守りですね。アルバムには，いろんなものが詰まっているんですね。じゃあ，深井さん。

深井 うちも，たぶん野本先生にお話したことがあるかないかぐらいで，内面のことは出さない子だと思うんですけれども，先生方の授業から受け取ったものがすごく多いと思います。もちろん受験に直結したノウハウ的なこともあるんですけれども，人間のあり方みたいなものをそれぞれの先生がそれぞれの角度から伝えてくださっていたのではないのかなと思います。1月頃でもう授業が終わってしまう頃しきりに言っていたんですよ。「この先生の授業は，もう今日で受けられないようになる」とか，「今日でこの先生の授業は最後や」とか，ちょっと感慨深そうに言っていたことがありました。

最後のほうに映画をいろんな先生が見せてくださって，「これはたぶん先生のメッセージがこの映画にこもっていると思う」というふうなことを言うんですよ。レンタルビデオに通って，「これ，良かったから，お母さんも見たら」と一緒に親子で見たりとかしました。「メッセージを送ってくださっているんだ」というのが，彼自身にとってものすごい宝物になった時期ではないかと思っています。

雨森 うちは理科とか物理が大好きだったんですけれども，学年制の理科を教えてくださる物理の先生のところへお訪ねしたり，ふだん単位制の職員室におられない先生とのお話とかも結構参考にさせていただいたんです。おもしろく聞かせていただいたみたいです。帰ってくるところは単位制の先生方のところということなんですが，先生方も先生一本ではなくて，いろんな仕事をしておられたエピソードとかを授業中に聞いたりしたようです。

それと，1年生の時だったかな，北海道の工場の社長さんの講演があったんですよね。先生とはまた違うかもわからないんですけれども，講演に来てくださった北海道の方の話にすごく感動して，「ぼくはあそこへ行きたい」としばらく言い続けていました。「ひとりでも行ってみたい」と言ったぐらいだったんですけれども，そういう提案をしてくださって，新しい風を入れてくださる

というか，そういうお話も楽しかったみたいです。それから，単位制と学年制と一応ここは分かれているんですけれども，学年制の雰囲気も知りたいと言って，生徒会にも参加させてもらいました。

春日井　生徒会とか体育祭とか，卒業式の答辞も一緒に出てきてやっていますね。あれを初めに私が見た時，感動しました。だってクラス数から言えば学年制のほうがはるかに多いじゃないですか，単位制は2クラスでしょ。でも2クラスの代表が壇上に上がって，学年制の生徒と一緒になって，自分たちで考えたくだりは自分たちで読むじゃないですか。

中村（由）　卒業式はすごくいいですよね。最後に先生と，学年制のお世話になった先生にお話もできたし，先生方がずっとアーチみたいにして通らせてくださったじゃないですか。すごく素敵な卒業式だなと思いました。

春日井　むしろ，いろんな取り組みを通して，単位制の理念が学年制にも受け継がれていかなければいけないし，あえて単位制を位置づけてつくった志があるわけだから，そういうことを学年制も単位制も含めて共有して，近江兄弟社学園として大事にしていくということが，今後も重要だと思いますね。

そんな思いが，単位制開設12年を経て一区切りをつけつつ，みんなでまとめてみようというきっかけにもなったんですよ。ですから，今日のお母さんたちの発言は，歴史的な発言になります。近江兄弟社の歴史に残る座談会になっているなと，お話を聞いていて心が震えます。

第6節　単位制での学びとこれからの人生

春日井　では，最後になります。単位制を卒業されて，それぞれが大学のほうで学ばれているとお伺いしたんですけれども，振り返ってみて，ここでの学びが子どもさんたちにとってどんな意味があったのか。あるいはここでの学びが，大学生活にどうつながっていっているのか。まだ卒業されたばっかりで，むしろ真価が問われるのはこれからだと思うんですけれども。ここでの学びや生活が大学生活や，あるいはこれからの人生にとってどんな意味をもちそうで

しょうか。

　中村（美）　やっぱり電車に乗れないので下宿して，でも地下鉄には乗れるようになったんです。乗れるようになって，地下鉄に乗って大学に行っているのですが，やっぱり，全部行くのはちょっとしんどいみたいなので，自分で調整しながら毎日大学へは行くようにしているみたいです。今度は朝に行かなかったらずっと行かないとか，そういうことはないので，この先生の時は絶対に行かなきゃとか，自分でやりくりして行っているようです。

　うちの子はお友達は結構できやすいというか，フレンドリーにするほうなので，大学の雰囲気が高校とは違って，絶対に何々しなければみたいなことがないので，それはやりやすいようです。将来的には，やっぱり就職難だそうで，行った大学でもそんなに就職はよくないみたいなのですが，資格をちょっとずつ取って，また将来に向けてひとつずつしていこうかなというような感じです。今まだ本当に「一歩出た」という感じのところなので，これからいろんなことを考えて，どういうふうに将来進んでいくのかなと。紆余曲折もあると思うんですけれども，それを見るのがちょっと楽しみというか。

　今まで決まったところを進んできていないので，またちょっと違う考え方とかもしているので，それはそれでぶつかった時にどうやっていくのかなというのが，親としては楽しみでもあります。きっとまた，「ああ，あかんかった」みたいなことは何回もあると思うんですけれども，今までもそういう時には学校へ行かないで，家でテレビを見たり，1人でカラオケに行ったりとかして遊んでいましたから。そういう時期もあったので，自分で何か見つけてやってくれたら，それはそれでいいかなと思います。

　春日井　どうぞ，お待たせしました，中村さん。

　中村（由）　まったく外に出られなかった子が高校の単位制に入って助けていただいて，みんなとともに苦しんだと思います。みんなそれぞれ悩みは違いますけれども，全部語り合ったわけではないんですけれども，何となく感じ合っていた。苦しいことをお互いに感じて，一生懸命やってきたなということがわかります。だから今の友達が，今度「泊まり会」に一緒に来るとか言って

いるくらい大事にしているので，このことは絶対プラスになっていると思います。

大学に入っても元気なお子さんと一緒なので大丈夫かなと思っていたんですけれども。「ぼくは行けてない時があったんだ」ということを，大学で親しくなった子にチラッと言ったって言うんですね。今までだったら，「そんなことは自分は言えない」とか，そういうタイプだったんです。でも結局この3年間で，先生や友達が，自分を出せるようにしてくださったんだと思いますね。かなり変わりました。だから大学に入っても，「自分はちょっと……」と思うことは多々あると思うんですけれども，うまいこと調整してやっているので，また止まったとしても，3年間の高校生活で得てきたものを思い出してやれるんじゃないかなと思っています。なんとかそうやって乗り越えてほしいなと思っています。今のところは2回授業に遅刻したとは言っていますが，あとは行けていると。

春日井　それはすごいことです。できすぎですよ。じゃあ，深井さん。

深井　うちは，どちらかというと積極的な子どもではなくて，むしろ引いていたいタイプなんですけれども，高校で本当にいろんな場面で「君，やってくれるか」と，彼の状態を考えながらいろんなことを提示してくださったんです。たとえばオープンキャンパスの時の体験談の発表であったり，単位制ニュースの記事を書いたりとか，パンフレットのモデルもさせていただいたりとか。前には出たがらない子なんですが，彼の状態を見ながら，いつもタイムリーに提示してくださって，すごく自信をつけていったと思うんです。

大学で，自分で何か与えられたテーマについて調べて発表し合うという授業があったらしくて，「みんなは，受験勉強ばかりしてきたからそういうことは苦手みたいやわ，お母さん」と言うんです。近江兄弟社ではプレゼンテーションとか，いろんなことをさせてもらったから，「何か，すごくぼくは楽やった」「みんな受験勉強一筋に来ている人たちだから，こんなことは案外やっていないんやな」と，すごくうれしそうだったんです。とにかく高校で，一番彼がなくしていた自信というものを取り返させてもらったと，今あらためて思っ

ています。

　春日井　なるほど。点数を取るためだけの勉強ではなくて，自分がやりたいことを調べるとか，やったことを自分の言葉で表現する，そういう学びとかね。単位制でやったことが生きていますよね。大学というのはもともと自分のペースで学ぶところだから，ここで自分のペースをつかんだ子どもたちは逆に大学で通用します。

　別に全部100点を取らなくてもいいわけだから，これはほどほどでいいや，これは落としちゃっても目をつぶるとか，逆にこれは関心があるから頑張るとか。それができるのが大学なんです。完璧に全部やらなくてはとこだわって，息切れしていることもあります。自分なりに調整できる力を単位制でつけているから，子どもたちの伸びしろは大きいと思います。

　雨森　今，四苦八苦しているみたいで，先生が言ってくださったことがまだ十分できていないんですけれども。今のところは，1人で起きられなかった子が自分なりに頑張って楽しく行っているので，やっぱりその原点は単位制にあったと思うんです。今，高校卒業と同時に終わったのではなくて，その時に始まって今4年目，という感じなんです。大学では4，5，6，7年というふうに進んでいくんだろうなと思っているんです。

　自分のペースで，自分の学びをやったらいいよということを，オープンキャンパスで本当に繰り返し言っていただいたので，そこからスタートして，今やっと4年目に突入したのかなと思っています。本当に楽しい生活や仲間というのが中学ではなかったので，友達関係というのもここでの友達です。夏休みもやっぱり高校生の時の友達と連絡を取り合って遊びに出かける計画をしてという感じなので，本当にここでいただいたものは大きいし，これからもそれが礎となっていくんだろうなと思います。

　春日井　お話を伺っていて，単位制での土台を大事にしながら，子どもたちはこれからいろんな人と出会い世界を広げていくんだろうなという可能性を感じました。ということで，あっという間に時間が過ぎてしまいましたので，ここまでにします。みなさん，本当にありがとうございました。

第4章

教師と生徒・保護者のつながりと教育実践

　2005年から，単位制課程は2クラスとなりました。15名ほどの単位制課程の教師たちは，生徒たちを深く理解することを土台にして，実践を展開してきました。たとえば，上村まどか氏は，次のように述べています。「中学校で不登校を経験した子どもたちは，『気持ちのぶつかり合い』や『相手との距離のとり方』の練習ができていません。(中略) トラブルもたくさんあります。しかし時には相手を疑ったり，試したりしながらも，『自分の弱さを受け入れてくれる場所』を高校生活のなかで一生懸命探していきます」と。

　ここでは，5名の教師たちが，生徒との信頼関係づくり，行事を通して生徒をつなげる，仲間について考え合う，社会科の授業の工夫，教師としての姿勢の変化などをテーマに，個性あふれる実践を語っています。

第1節　時間をかけて向き合うこと

上村まどか

（1）自分の弱さを受け入れてくれる場所

　単位制の入学式は，毎年入学してくる生徒たちの緊張で静まり返っています。担任の私もそんな張り詰めた空気のクラスがどのような集団になっていくのか，そのために担任としてどのようにかかわっていくかを考えます。そして，生徒の様子を観察しながら，折に触れて「集団で過ごすことの大切さ」を伝えていくようにしています。

　「高校こそは新しい自分で頑張るんだ！」と意気込んで入学してくる子どもたち。無理をして笑顔をつくり，その場では楽しい雰囲気をつくって友達づくりに専念します。少しずつ友達の輪が広がると，「私，中学校の時，全然学校に行ってなかったから」「私，実はみんなより歳が1つ上なんだよね」などと話しながら，少しずつ自分の弱さを受け入れてくれる場所を探し，友達と向き合う努力をしていくのです。

　中学校で不登校を経験した子どもたちは，「気持ちのぶつかり合い」や「相手との距離のとり方」の練習ができていません。もう一度中学校生活のやりなおしをするのです。そもそも，「本当の友達とは何か」という疑問をずっと抱きながら過ごしてきた子どもたちですから，当然ながら，高校から急に友達づくりが上手にできるというわけではありません。トラブルもたくさんあります。しかし時には相手を疑ったり，試したりしながらも，「自分の弱さを受け入れてくれる場所」を高校生活のなかで一生懸命探していきます。

　そのような生徒たちとのかかわりのなかで，「時間をかけて向き合う」ことの大切さを感じています。なかでも，以下に紹介するA子との出会いは私にとって大きな意味がありました。

(2) 葛藤の言語化——そばにいるだけという支援から

　私が出会った頃のA子は，入学後も表情が硬く，なかなか教室の雰囲気になじめない様子でした。友達はA子を心配して声をかけてくれましたが，A子はどうしていいかわからない様子で，ただただ必死に学校に来ているという感じでした。私としては，どうすればA子に心を開いてもらえるだろうかと思い悩む日々が続きました。

　そんなある日，A子が朝から「先生，しんどい……」と言って職員室にやってきました。

　「ちょっと話しようか？」と聞いても「……今は無理」と一言。そう話しているうちにA子の目から涙が溢れ，その場に座りこんでしまいました。泣き崩れるA子をとにかく落ち着かせようと相談室に入るように促しました。そんなA子の様子を見て，職員室の同僚から「先生，チャンスやで！　泣くってことは感情を表に出せたという証拠だから」というアドバイスをもらいました。今ならA子の心に近づけるチャンスかもしれないと私自身も考えたのですが，何から話せばいいかわからなかった私は，A子の横にそっと座り，A子のすすり泣く声しか聞こえない相談室で，ずっと一緒に過ごすことしかできませんでした。結局その日は，A子からは何も聞き出すことはできずに終わりました。

　その後，何度かA子は泣きながら職員室に来るようになりました。しかし，相談室で話をしようとしても，A子から何かを語ることはありませんでした。どうすれば自分の思いや心の葛藤を素直に話せるようになるか，どうしたらA子の苦しみを理解することができるか，私自身ずっと悩む日々が続きました。何度かその繰り返しをしたあと，やっとA子が私に話をしてくれました。

　「B子ちゃんが休んでいるのは，私のせい？」。

　そんな言葉が出てくるとはまったく想像していなかった私は，「どうしてそう思うの？」と思わず聞きました。

　「本人に聞いてみたいし，話したいけどできないし……。ずっと誰かに相談したかったけれど，どう表現していいかわからない」。

「わかってもらいたいという気持ちを表現してみよう。話すのがいい？　書くのがいい？」と，Ａ子に聞いてみました。少しでも表現する練習になればと考えたからです。Ａ子ならきっと「書きたい」と言うだろうと思っていたのですが，意外にもＡ子からの返事は，「話したい。先生に聞いてほしい」というものでした。

Ａ子が気にしていたＢ子は，同じグループのＣ子のことで悩み，欠席が続いていました。Ｃ子のちょっとした態度が気になり，自分のことが嫌いなのではないだろうか，避けているのではないかと気になって仕方がないという悩みを抱えていたのです。

Ｂ子は，私に「先生に話したって仕方がないことだけれど，誰かにわかってほしくて。本当はＡ子ちゃんに相談したいんだけど，わかってもらえるかわからない。それを話したら嫌われるんじゃないか，そんなふうに思っている自分が悪いんじゃないかって思うと誰にも相談できない」と話していました。

Ａ子とＢ子は同じ悩みを抱え，それぞれがお互いに話を聞いてもらえる誰かを求めているようでした。

私はまず，この生徒たちの「自分の思いを伝える」練習台になろうと思いました。Ｂ子は私とメールや手紙で話をするなかで，少しずつ自分の本音を言えるようになってきました。最終的に彼女も「友達に相談できるようになりたい」と思っていたので，目標を「友達に相談できるようになる」と決め，私はそのお手伝いをすることになりました。

一方，Ａ子は，気持ちがなかなか前へ向かず，欠席が続きました。登校しても暗い表情で過ごすことが多く，聞き出そうとすると泣いてしまい，教室に入ることができずに早退をしてしまう……そんな日々が続きました。その後，彼女は私のところに来るようになりました。しかし，自分の思いを伝えるというところまでなかなか到達できません。ただただ泣いて，私はそばにいるだけという面談が何度も続きました。

「どんな自分になりたい？」。

「自分で思ってても，考えててもそれを人に話していいのかわからない。悩

みすぎると動けなくなってしまう。そんな自分は嫌い。嫌なことがあっても，自分で解決できるようになりたい」。

「自分の気持ちをコントロールできる人になれたらいいね。それがA子さんの目標だね。コントロールできるようになれば，相手にきちんと伝えられるようになるんじゃないかな。頑張ろうね」。少しずつ，彼女は自分の言葉で話すようになりました。

「B子ちゃん，どう思っているのかな」。

「聞いてみよう。直接話さないとわからないよ。メールや手紙で話すのと，直接顔を見て話すのと全然違うから。ちゃんと伝えよう」。

「しゃべってみる」とA子が言ったので，実はB子も話したがっているということを伝えました。

その日の放課後，相談室でA子とB子が直接話をしました。長い時間2人でゆっくり話すことができたようでした。B子は悩んでいることをA子に相談し，A子がわかってくれたと喜んでいました。A子も自分のことを頼ってくれているということがわかってうれしかったようで，少しすっきりしたようでした。

（3）本音を伝えることへのこだわり——負の感情を出せること

そんなA子が3年生になった時，突然まったく教室に入れなくなったのです。朝，登校しても教室に入らず，別室で休むようになりました。友達が迎えに来てくれても，教室に行こうとはせず，つらそうな顔をしていました。私はA子を相談室に呼び，その理由をたずねました。するとA子は3年生になってから一緒のグループで過ごすようになった友人D子について悩んでいることを話し出しました。

「みんなに好かれているD子ちゃんのいいところをいっぱい知ってるのに，一緒に居るのがつらくなる。彼女はみんなから好かれているのに。それをひがんでいるつもりもないのに。もしかしたらこんなふうに思う自分がおかしいんじゃないか。一緒にいたいのに，仲良くしたいのに，どうしてもつらい。D子

ちゃんにわかってほしいこともあるのに，どうしても伝えられない」。

A子は泣きながら自分の思いを，すべて私にぶつけることができました。

「話してくれてありがとう。やっと言えたね。話せて良かったね」。

「先生に相談するようになってから，まず自分の気持ちを人に話すっていうことが解決の方法を考えるきっかけになったり，少し気が楽になったりするってわかったから」。

「D子ちゃんにわかってほしいこと，伝えてみる？」。

「うん。伝える。伝えないと始まらないと思うから」。

数日後，A子はD子に伝えました。自分の思っていること，D子にわかってほしいこと，これからも仲良くしたいからこそ伝えようと思ったことを。放課後，2人だけで教室に残って話をすることができたようです。

卒業後，A子から手紙をもらいました。

　　高校時代で一番つらかったのは，3年生になって自分が教室に行けなくなった時です。いろんな思いのなかで，また教室に行けるようになったのは，先生に相談して，相手にすべてを話すことに決めたからだと思います。相談していなければ，相手に話すという選択肢はありませんでした。話していなければ，また途中で同じようにつまずいていたでしょう。誰にどう思われても，伝えなくちゃいけない時があることを知りました。伝えることの大切さを知って，私にとって一番好きで得意な方法だと思ったから，今大学で文章表現を勉強しているのだと思います。ちなみにですが，"自分の感情を自分でコントロールできるようにならないといけない。"先生に言われて一番印象に残っている言葉です。

（4）本音を言い合えるのが友達——言わないと自分自身も変えられない

「友達は気をつかうから嫌だ」「友達にどう思われているかわからないから自分の気持ちが言えない」。そう話す生徒はたくさんいます。「友達とは何か」という問いかけをずっと自分自身に投げかけてきた結果，疲れてしまって学校に

行くことができなくなったという生徒もいます。理想の自分になりたくて，無理をしすぎて疲れてしまう生徒もいます。でも，どんなに失敗しても，どんなに傷ついても，単位制に入学してくる生徒たちはみんな，「高校では友達がほしい」と言います。

　「学校」での生活を経験していない生徒たちは，人に自分の気持ちを伝えることの難しさも，大切さも知らない状態で入学してきます。入学後，友達ができて，仲良くなったことがうれしくて，つい相手を傷つけてしまうということもよくあることです。かかわりのなかで友達とどういうやりとりをすればいいのか，どのように言えば伝わるのか，仲直りをするにはどうしたらいいかということなど，経験していないとわからないことも多々あります。普通なら誰もが面倒だと感じるような「ぶつかり合い」も，それまで経験したことがない生徒にとっては，「自分を成長させるチャンス」となることもあります。

　もしかしたら，場合によっては自然にそのぶつかり合いをすることなく，お互いを避け合い，「距離をとる」ようになるということもあるでしょう。しかし，学校という場所への行きづらさを経験したことのある生徒たちは，「ケンカをしてでも，お互いに本音で話ができるようになりたい」と必ず言います。話し合いで解決できなくても，わかり合えなくても，それぞれの思いを伝え合うことは大切なことだと思います。私たち教員も，生徒どうしの「ぶつかり合い」を大切にし，生徒たちに働きかけ，話し合いの場を積極的につくっていくようにしています。

　相手が自分のことを受け入れてくれるかどうかがわからなくて不安だという気持ちは，誰にでもあると思います。その不安が人一倍強い子どもたちですから，その場で「理想の自分」をつくり，違う自分になることで新しい一歩を踏み出そうとしてしまいます。でもその「理想の自分」では本来の自分を出すことはできず，常に相手に受け入れられるように努力し続けることになってしまいますし，その努力は長くは続けられません。自分の弱さを受け入れてほしいのに，「こうあるべきだ」という自分を見せようと必死になってしまうことで，いつしか自分の気持ちにふたをしないと他者とかかわることができなくなって

しまうのだと思います。「ぶつかり合い」を避けながらも，本当のところは，「本音で言い合いたい」という気持ちが強い生徒たちを見ていると，もう一度，この高校生活のなかで「友達との本気のぶつかり合い」を経験してほしいと強く思うのです。

（5）本音をぶつける練習台としての担任――自分の気持ちを正直に話す

　私自身，単位制に初めて来た頃は，「学校への行きづらさを経験した生徒たち」とどう向き合うか悩むこともありました。でも彼らに接してみると，彼らは，ただ「自分の弱さを受け入れてくれる人」を求めて「学校」という場所にこだわって入学を決めたのではないだろうか，受け入れてもらえたと実感することができたら，彼らの不安は大きな自信となり，自分の弱さも友達に表現できるようになるのではないかと考えるようになりました。そして，まずは担任である私が「弱さを受け入れてくれる人」になろうと思ったのです。人を信用すること，SOSを出すことの大切さを，担任が自分を受け入れてくれたという実感から学んでほしいと思うようになりました。

　単位制には，そのチャンスがたくさんあります。なぜなら，学校への行きづらさを経験した生徒たちが多く，彼ら彼女らは，「ぶつかり合い」ができるチャンスを待っているという共通点をもっているからです。また，「自分という人間」としっかり向き合えるのも，「まわりのみんなも自分の気持ちをわかってくれる」という安心感が大きな力になるからだと思います。

　私自身，単位制の生徒たちとの出会いを通して，学校は「自分の弱さを受け入れてくれる場所」だということを，生徒たちにまずは実感してもらうことから始めなければならないと強く思うようになりました。そのために，私自身が弱さも含めたありのままの自分を表現していくこと，そしてそんなふうに自分の弱さを見せてもいいということを生徒たちに伝えることがその実感への近道だと思っています。生徒の気持ちに近づくことは，時には長い時間を必要とすることもありますが，その時間も決して無駄ではないことを生徒たちから教えてもらいました。寄り添うだけの時間も大切な時間ととらえて，これからもじ

っくりと生徒たちに向き合っていきたいと思います。

第2節　「つながり」が可能性をつくる

松島　淳

（1）限界を設定してしまう生徒たち

　単位制の生徒たちは，それぞれ個性的で人間味に溢れています。本来，集団活動が大好きな生徒も多く，高校生活のなかで生き生きと取り組むようになっていきます。生徒たちの取り組みを見ていると，人の力が合わさるとこんなにも力強いのかと感動します。そういう力強さをもつ反面，生徒たちは「どうせやっても上手くいかないし，やめておこう」とか「今日は気分も落ち込んでいるし，無理しないでおこう」というように，自分自身で無理だと決めつけて限界を設定してしまうことも多くあります。けれど，背中を押してあげると意外と乗り越えられることも多いのです。むしろ何かをやりきったほうが本人の自信になり，本人のためになることも多いように思います。

　では，生徒たちはどうして限界を設定してしまうのでしょうか。それは，過去の不登校経験が影響していると思います。過去に，中学校に馴染めなかったり，いじめられたり，息切れをしてしまったりと，それぞれきっかけは違っても，大きな挫折を経験しています。深く傷つき，真っ暗闇のなかをなんとか進んできたような生徒もいます。そういう苦しい時期や傷つき体験を経ると，誰でも慎重になってしまうと思います。二度と同じような経験をしたくないし，そうなるかもしれないと思うと怖いでしょう。しかし，一歩を踏み出して進んでいくしかありません。単位制に入学することを選択したこと自体が，次の一歩を踏み出したことに他なりません。であるならば，本人が自分の人生を引き受けて歩み出す体制を，家庭，学校でどのように連携してつくっていくかが，指導・支援の大きな鍵となります。

（2）「人は人のなかで育つ」ということ

　私は単位制での仕事を通じて，「人は人のなかで育つ」ということを実感しました。家にいるだけでは，やはり身につけられないことがあります。学校には，当然合う人もいれば合わない人もいますが，そういう場を避けるのではなく，集団や自分と向き合うことで，自分自身にとって大切なものを獲得していきます。長期欠席傾向の生徒をその土俵に立たせることが，単位制の担任の仕事であると考えています。長期欠席傾向の生徒が継続的な登校に結びつくまでには，教師と生徒の関係も重要ですが，やはり生徒どうしの関係が何より重要です。教師と生徒の関係，生徒どうしの関係は車輪のようなもので，どちらか一方に偏っても前に進んでいけません。

　担任の取り組みは，まず長期欠席傾向の生徒と信頼関係をつくるところから始まります。電話や面談のなかで，その生徒のことを知っていきます。好きなもの，得意なこと，趣味……まるで友達づくりですが，一対一の人間どうし，お互いを知ることが大切です。教師という社会的な役割は脱ぎ捨てて，ひとりの人間として生徒と出会っていくのです。そのなかで，生徒が登校するきっかけが訪れるのを待ちます。どのくらい待てば良いかは，その生徒によって違うのでわかりません。1週間で来られるようになる生徒もいれば，3年間動きがない生徒もいます。なかなか動きがない場合，保護者はもちろん，教師も焦ります。この段階ではよく，家庭で本人と保護者のぶつかり合いも起こり，教員がその間に入ってお互いの思いを整理することもあります。しかし一番焦っているのは，「なんとかしたい」と思いながらも動きが取れない生徒自身なのです。

（3）ある女子生徒の場合——同世代の仲間の存在

　ある生徒E子は，1年生の時，体調不良のため学校に行けないと言っていました。家では，学校に行けない苛立ちからか，妹や母親に暴力を振るってしまうこともありました。まったく登校できていなかったので，担任として心配な生徒でした。私は，母親からE子の状況を聞き，「もしかしたら4年生にな

らないと登校できないかもしれない」と思うほど"重たい"印象を受けました。そこで，母親を支援するため校内のカウンセラーにつなぎ，母親の面接を継続しながら，担任と保護者とカウンセラーで協力していくことになりました。

担任としては，まずE子本人とつながりをもとうと電話連絡を始めました。最初は電話にも出られなかったので，母親から様子を聞くことを続けました。母親もカウンセラーのアドバイスを参考に，本人との距離のとり方や声かけの仕方について，工夫していきました。そのうち，E子は祖父母に相談したり，旅行へ行き気分転換をしたりして，徐々に元気になってきたようでした。そこで，母親を介して本人と電話で話せるかどうか聞いたところ，本人もちょうど話がしたいと思っていたようで，初めて話をすることになりました。私自身もE子と面と向かって話をしたことがなかったので，どんな表情で話をするのかもイメージがつかず，この時は私のほうが緊張して，たどたどしい話し方になっていたように思います。

その後，電話での会話を重ねるうちに，徐々に話題が増えてきました。動物が好きなこと，料理の手伝いをよくすること，妹と仲が悪いこと，哲学に興味があること……。そのうち，笑い話もできるようになってきました。そんな時，なぜか習い事から勉強の話に発展し，E子が小学生の頃から国語は比較的好きだったという話になったのです。そこで，「一度会って話したいし，好きな国語の勉強を学校でやってみないか」と誘ってみました。すると「私もそろそろ学校に行ってみようかと思うんです」という言葉が返ってきました。これはチャンスだと思い，次の日に面談の約束をしました。そして翌日，約束通りの時間に登校することができ，自習室で1時間ほど勉強をしました。

その後しばらくは，1日1時間ほど自習室に来て勉強するという形での登校が続きました。しかし，自習室での自習は，単位取得に必要な授業出席時間には数えられないので，担任としてはなんとか教室に入れたいと思い，悩んでいました。そんな時に，クラスの生徒たちが偶然，自習室で勉強をしているE子を見つけ，声かけをしてくれたのです。E子は，同級生に急に話しかけられて最初は驚いたようでしたが，それがきっかけで，授業にも参加することがで

きるようになりました。E子は,その後継続的に登校ができるようになり,自習室での登校から挑戦している他の同級生や,悩んでいる友達に,優しく声かけをしてくれるようになりました。

　当初私は,E子のことを「とても登校どころではない」と思っていました。しかし,本人と会話を重ねていくうちに,徐々にその思い込みは消えていきました。E子自身が登校できない状況に苦しみ,なんとか改善したいと強く願っている気持ちがわかってきたからです。私は,状況や結果ばかりに着目して,"重たい"事例だと思い込み,E子へのアプローチに二の足を踏んでしまっていました。まずは本人の願いを受け止め,どうすればいいかを一緒に探していくことが大切だったのです。保護者や専門家からの情報を踏まえることも重要ですが,ひとりの人間として,その生徒と実際に出会っていくことが,生徒理解や不登校理解につながるのだと思います。

　E子が登校できるようになった背景には,教師や専門家,保護者のかかわり以外にもう1つ大きな要因があります。それは,同世代の仲間の存在です。本人が勇気を出して一歩を踏み出せるようになった最後の一押しは,同級生たちの声かけでした。後でE子に聞いたことですが,もうすでに仲間はできあがっていると思っており,長期間休んでいた自分が入り込む隙間はないと考えていたらしいのです。そんな時に声をかけてもらい,話ができたということがとてもうれしかったようです。同世代の力というのは,教師の指導・支援よりもはるかに生徒どうしの力を引き出すものです。ひとりでは立ち向かえないことも,仲間がいれば踏ん張れます。単位制で担任をしていると,そういう温かいつながりと出会うことができます。

（4）新しい世界が拓けるという体験——生徒の力を信じること

　生徒どうしが力を引き出し合う機会として,学校行事があります。単位制では行事が多く,研修旅行や学園祭の他にも,様々な機会を利用して集団活動を行います。多くの生徒は,うまくできるかどうか自信はありませんが,集団活動で自分も貢献したいと考えています。

単位制に通う生徒の大半は，中学時代に文化祭や体育祭，修学旅行などの行事にあまり参加できなかったという生徒です。当然，行事の運営などの経験もなく，高校に入って，リーダーだから自分たちのやりたいようにやっていいと言われても，どうしたらいいのかわかりません。また，欠席をする生徒もいてメンバーがその日ごとに入れ替わるなか，中心で活動を行うリーダーたちは，苦心しながらも工夫して行事に向かっていきます。彼らがあきらめずに頑張るのは，「高校では自分ができることをやりきりたい」という思いがあるからです。そういう生徒たちの姿を見ると，担任としても覚悟を決めずにはいられません。
　私は，どうせやるならば，多くの人から評価される良い取り組みにしたいと思っています。そうなると当然質の高い取り組みが求められ，それを実現するのは実際には大変なことです。しかしそこに私がこだわるのは，単位制で出会った生徒たちへの私の願いが込められているからです。一度深い傷つき体験をした生徒たちの多くは，自分に自信がもてずに二の足を踏んでしまったり，投げやりになってしまったりします。それでも生徒たちはつらい過去と向き合い，時には立ち止まりながらも一歩ずつ一生懸命歩んでいます。そんな生徒たちに対して私は，「自分の人生を，胸を張って生き抜く人になってほしい」という願いをもっています。「どうせ自分は」とか，「単位制だから」という言い訳をしてほしくないのです。自分ひとりでは実現できないことでも，みんなで協力をすれば新しい世界が拓けるという体験を積み重ね，「自分もクラスや学年の一員としてやりきった」と思えるような取り組みにしたいのです。そこにさらに多くの人から評価が返ってくると，それも生徒たちの自信につながります。
　私は，行事をするにあたって，必ず生徒への思いを語るようにしています。その集団にかかわる者として，自分がどんな思いをかけ，何を期待しているのかということを伝えます。そして生徒たちにも，思いを語ってもらうようにしています。単位制は，教師や生徒のこのような真剣な思いの交し合いができる場所だと信じています。
　単位制において，不登校支援，集団活動，個別面談であれ，生徒とともに過

ごしていると，担任として必要なことは，「生徒の力を信じること」だと改めて気づかされます。生徒のことを信じられているかどうか，うまくいかない時は常にそこに立ち返るようにしています。生徒と向き合う時は，へたなテクニックやルールをふりかざした論理や一般論は一切通じません。ひとりの責任ある人間として生徒たちと出会い，思いを語り，ともに生きていくこと。この人間として最も基本的なことが，不登校理解，生徒理解につながっていくのだと思います。

　単位制で仕事をしていると，様々な葛藤があります。一生懸命やっていても裏目に出たり，生徒や教員どうしの関係がうまくいかなかったり，自分が学校や生徒や保護者から求められている役割や仕事ができなかったりと，うまくいかないことが多くあります。自信を無くして，自分は教師に向いていないのではないかと思ったこともありました。本当に苦しくて，この仕事を辞めようとも思いました。しかしその度に，その葛藤を乗り越える機会を与えてくださる先生方や悩みを聞いてくれる仲間たち，そして私を信じ，頼りにして頑張ってくれる生徒たちに励まされて，続けてこられたように思います。生徒たちと同じように，私自身も生きていく上で大切なことをこの単位制で学ばせてもらっています。

第3節　個々に寄り添う指導と集団づくり

柴田　勉

（1）戸惑いからのスタート

　「ありがとう。A41」。これは卒業式の日に，クラスの生徒たちからもらった色紙の表題に書かれていた言葉です。A41とは，3年間で卒業せず，単位制に4年以上在籍している生徒たちのクラスの呼称です。私がこのクラスの生徒たちとかかわった1年間を振り返ってみたいと思います。

　4月8日「これから1年間，それぞれでやらなきゃいけないことがいっぱいだと思いますが，それなりに頑張っていきたいです。」

4月9日「4年生で卒業とか色々あるけど，無理なくそれなりに頑張っていきたいです。」

　これは学級日誌に書かれた生徒の文章です。ここには「それなりに頑張りたい」という言葉が連続して出てきます。「それなり」という言葉は「適当に」という意味ではなく，私は「それぞれなり」に頑張りたいという率直な気持ちが表れていると感じていました。というのも，4年目，5年目を迎える生徒たちのクラスなので，3年生までの取得単位がほとんどない生徒もいれば，卒業までのあと数単位を取るために，週に1〜2日だけ登校する生徒もいるからです。また，生徒たちが抱えている課題も様々で，他人の前ではほとんど声を出すことがない生徒もいれば，人間関係で傷つき精神的に落ち込んだ時期を経た生徒もいます。多くの生徒は人間関係づくりが苦手で，クラスの仲間と何かひとつのことに取り組んだ経験がありませんでした。担任としてどういうクラス運営をすれば良いのか，そもそもクラスの集団活動そのものが成り立つのか，個々に寄り添う指導に徹すればそれで良いのではないかと，方針が定まりませんでした。今にして思えば，教師として経験したことのない4年生という集団を前に，生徒よりも私が一番戸惑っていたのかもしれません。

(2)「仲間」について考え合う

　長い回り道をしたり，時々道に迷って立ち止まったりしてきた生徒たちに，私が担任として最初に語りかけたことは，「人生，無駄なことは何もない。遅くてもいい，時々立ち止まってもいい。ただ，大切なのは自分を信じて前へ歩いていくということ。自分を信じよう」ということでした。そしてそんな願いを込めて，クラスだよりのタイトルをアンジェラ・アキの『手紙』という曲の一節にある「Keep on Believing」（信じ続けよう）にしました。

　もう1つ，私が生徒たちに強調したのは，「縁があって出会った仲間を大切にしよう」ということでした。このクラスの生徒たちのほとんどは，仲間づくりの経験が乏しい生徒でしたので，まず，私はみんながお互いを「仲間」だと意識し合えるように，お互いの思いを交流し合う機会を意図的につくっていき

ました。

　最初のホームルームである「クラス開き」の時間には,「未来の自分への手紙を書こう」という取り組みをしました。自分の思いを直接友達に伝えることが苦手な生徒が多かったので,手紙という形でクラスだよりにすることで,互いが互いの今の思いを知れるようにと考えたのです。

　するとそこには,実に多くの生徒たちの,今後の自分への不安と期待が入り混じった率直な「思い」が綴られていました。「今までの自分は他人に甘えて生きていたが,これからしっかり自立していけるだろうか。卒業に向かって頑張れるだろうか」「卒業・進路・授業・課題など不安がいっぱい。でも,今まで優しく見守ってくれていた家族のためにも頑張りたい。新しい仲間と仲良くなりたい」といった「思い」です。

　このクラスだよりを通じて,お互いの「思い」を知り得たことで,「悩んでいるのは自分だけではなかった。みんな同じような悩みをもつ『仲間』なんだ」と感じてくれたのではないかと思っています。

　ただ,「同じような悩みをもつ仲間」ということだけでは,互いの傷をなめ合うだけの関係で終わってしまい,傷つけたくないからとぶつかり合いを避ける集団になってしまうのではないかという心配も出てきました。そこでホームルームの時間に,当時リメイクされて話題を呼んでいた映画『西遊記』を見て,「本当の仲間とは」というテーマで感想を書いてもらったこともありました。

　感想文には,「孫悟空の約束を貫き通す思いやまっすぐな性格が,みんなの『絆』を深めているんだと思いました。…（中略）…やっぱり本当の仲間は心で通じているものなんだと思います。『心は心でしか返せない。』とても深く強い言葉ですね」「ラストシーンの孫悟空のセリフが印象的でした。『一番強いのはナマカ（仲間）が多いやつだ』。この４年生の生活でも,たくさんの仲間をつくって楽しく過ごしたいです」など,「仲間」についての生徒たちの素直な「思い」も出されました。

　この取り組みを通じて,『西遊記』の主人公たちのように,人はみんな,個性も違えば「歩み」もバラバラ。途中で対立したとしても,何かひとつの目標

に向かって試行錯誤しつつ，ともに歩んでいくのが本当の仲間なのだということを生徒たちは感じ取ってくれたのではないかと思っています。

（3）学園祭と本当の「仲間」との出会い

　5月の連休明けから文化祭の取り組みが始まりました。私のクラスは高校全体のメインテーマであった「ありがとう！　絆」を題材にしたアンケートを実施し，集計結果をプレゼンテーションすることにしました。「あなたにとって絆とは何ですか？」や「クラスメイトとの絆を感じるのはどんな時ですか？」などのアンケート結果を分析することで，生徒たちに絆の大切さについて考えさせたかったからです。パワーポイントを駆使したスライドをつくり，当日は，クラスリーダーのF君がメリハリのある絶妙な語りをしてくれました。その結果，「生徒会特別賞」を受賞することができました。

　もちろん，すんなりと取り組みが進んだわけではありません。クラスだよりで進捗状況を紹介し，休みがちな生徒にも情報を伝えたり，登校している生徒から欠席している生徒に声かけをしてもらったりしました。良い作品をつくりたいと意気込むあまり，時に相手を傷つけてしまったり，それでまた自分が落ち込んだりといった紆余曲折もありました。

　文化祭が終わって，生徒たちは自分たちの取り組みをどのように評価しているのか気になり感想を書いてもらいました。担任としては，慣れない集団での活動や人前での発表に「疲れた」という感想が多いのではないかと心配でした。しかし，そのような感想はひとつもありませんでした。

　　これまで，学園祭の行事は休んでばかりだったけど，今年は頑張った。F
　君がリーダーとしてクラスをまとめてくれたり，自分のシフトじゃないのに，
　ずっと店を手伝ってくれたり，とても感謝しています。パフォーマンスで，
　一人で前に立って発表してくれたF君，とてもかっこよかったです。…（中
　略）…これからもクラスリーダーでいてください。ありがとう！

そのF君も，次のような感想を寄せています。

　準備期間は，こんなにたくさんのことをやりきることができるのかと不安で仕方ありませんでしたが，心配は無用でした。日頃なかなか学校に来られない人も，朝早くから来てくれて仕事をしてくれました。リーダーとしての僕の不安をみんなが少しずつ取り除いてくれました。当日も，みんなで模擬店の準備をして，みんなで店番をして，みんなで店を盛り上げて，本当に楽しくて仕方ありませんでした。プレゼンテーションの時も緊張はほとんどしませんでした。クラスのみんなが見に来てくれたからです。

　F君は，2年生でもクラスリーダーだったのですが，その時にうまくクラスをまとめきれなかったという経験をしています。そんなトラウマを克服すべく，4年生ではリベンジを果たしました。そしてリーダーとしてクラスをまとめ，成功させた自信と，本当の「仲間」を得た感動と「仲間」への感謝の言葉が，この感想文には綴られていました。
　そのF君は今，地元の大学に入学して頑張っています。F君は，この学園祭での経験を生かして，大学の授業の取り組みで地域住民への公開講座を企画し，広報部長として地域のFMラジオに出演するなど活躍しています。
　確かに，単位制は人間関係を築くことに自信のない生徒たちが多いのですが，それだけに「本当の仲間をつくりたい」という思いが人一倍強いのではないかと思います。そして本来，生徒たち自身のなかに，「仲間づくり」の力は備わっているのです。教員の仕事は，生徒たちの力を信じて仲間づくりの機会を与え，見守り，励ましていくことではないかとあらためて思いました。

(4) その後の他の生徒たちの飛躍
　このように，学園祭などの取り組みを通じて得た「仲間」との「絆」や，みんなでやりきった達成感による自信が，その後の進路先での活躍の力となっている例は，他にもたくさんあります。

小学校・中学校とほとんど学校に行けず，単位制に入学してからも，1～2年生の時は摂食障害で病院に入院していて高校にもにあまり登校できなかったGさんは，ようやく3年生の後半になってポツポツと登校できるようになり，4年生になると自分から積極的に動き出して，仲間たちとの「絆」をつくっていくことで，自分を劇的に変えていきました。Gさんは，幼い時から好きだった料理の道に進むべく，現在，調理師の免許が取れる専門学校に通いながら，週末は料亭で働いています。その彼女に，「なぜ，そんなに劇的に変われたの？」と聞くと，「授業の時や学校の帰りに自分から声をかけてみたら，普通に返事が返って来たこと」と意外にも何気ない日常のひとこまがきっかけだったと話してくれました。彼女の話を聞いて，やはり，自分が受け入れてもらえていると実感できる居場所としての「仲間」が，自分から積極的に動き出せるようになるには何より必要なのだと確信しました。
　また，入学した公立高校で人間関係に悩んで中退し，人間不信を抱えながら単位制に再入学したHさんも，単位制での学校生活で自信を取り戻し，現在，大学で吹奏楽部に入って大学祭で演奏したり，興味のあった心理学のゼミに入って，あえて厳しい先生につき，何度もレポートの書き直しをさせられても，めげずに頑張っています。そのHさんに話を聞くと，「クラスの仲間とつながり，『絆』を築けたことが今，つらいことも一つひとつ乗り越えていける大きな力となった」と答えてくれました。
　私は，4月当初，4年生という生徒集団に構えてしまい，担任としてどう接して良いか迷い，生徒たちに何より必要なのは個別のサポートや自立に向けた進路保障であると考えていました。もちろんそれらも必要ですが，生徒たちが本当に求めているのは，自分から積極的に動き出せるようになることであり，自分が受け入れてもらえていると実感できる居場所としての「仲間」だったのだと今では考えるようになりました。
　やはり，生徒たちが集団のなかで，どうしたら仲間とつながりをもてるかという視点をもち，どうすれば「絆」を深めていくことができるかを考えた「集団への指導・支援」が必要なのです。こうした「集団への指導・支援」を通し

て生徒たちの居場所となる「仲間」づくりをしていくことが，最終的には個々の生徒たちの自立を促す指導となり，その後の「生きる力」を養っていくことにつながる，と確信がもてました。担任をさせてもらって，私自身，多くのことを生徒たちから学ばせてもらい感謝しています。

第4節　生徒との「関係づくり」を大切にした授業の取り組み

高橋由加理

（1）単位制生徒の学びに関する実態と授業における工夫

　私は教師になって5年目にはじめて単位制の授業を担当しました。それまでの私が目標としてきたのは，「教師の力量をどんどんあげて，生徒をまきこんでいく授業をすること」でした。学年制の授業では，生徒は私の授業スタイルに一生懸命合わせてくれました。もしくは，私の授業が嫌いでも，成績評価のことを気にしていわずに我慢してくれていたのかもしれません。学力が比較的均等で，目標とする授業レベルがあり，全員が年間を通して授業に出席する，それが当たり前でした。

　単位制の授業を担当してはじめに戸惑ったのは，生徒の学力差でした。高校入試で満点をとる生徒，何冊も歴史書を読破して相当の知識をもっている生徒がいるかと思えば，中学校の内容がまるごと抜けている生徒もいます。発言が大好きな生徒もいれば，「当てられたらどうしよう」と極度に緊張してしまう生徒，「わからない授業には行きたくない」と神経質に考えてしまうタイプの生徒もいます。また，学習障害や広汎性発達障害などの課題を抱えている生徒や，集中力が持続せずじっと座っていることが困難な生徒も少なからずいます。さらに，同じ生徒が連続して授業を受けてくれるわけではないということにも戸惑いました。毎時間，出席する生徒の数はバラバラです。授業にはある程度の連続性が存在しますが，生徒は連続して出席してくれるとは限りません。

　私は社会科（主に世界史）を担当していて，今年度で8年目です。「教師がチョークを持って黒板に向かい，生徒は教師の話を聞き黒板を写す」という授業

からの脱却を目指して，工夫を重ねてきた点について述べたいと思います。

　①授業方法における工夫
　１つ目のポイントは，１時間の授業の見通しを立てることです。そのためにプリント授業の形式をとっています。「今日はこのプリントの最後まで進みます」「こんなことについて考えてもらいます」など，授業の最初にアナウンスしておくことで，生徒はずいぶん安心できるようです。遅刻をしても，「プリントのここをやっているよ」と指示すれば授業に合流しやすくなります。また，欠席をしても抜けた部分の補てんがしやすいという利点もあります。プリントにある一定の情報を載せておくと板書が少なくてすむので，文字を書くスピードが遅い生徒は救われるし，メモを取りたい生徒にとっても，集中して話を聞くことができます。
　２つ目のポイントは，授業の中身を細かく区切り，メリハリをつけることです。「説明を聞く時間」「教科書を見てプリントを埋める時間」「黒板に書きに来る時間」「"なぜ？"を考える時間」「友達と相談する時間」「意見を言う（聞き合う）時間」「映像を見てイメージをふくらませる時間」など，１回の授業のなかで様々な時間を設けています。じっとしているのが苦手な生徒には，挙手制で黒板に書きに来る（立って歩く）機会を与えています。集中力が途切れがちな生徒にとっても，場面を変えることは効果的なようです。

　②興味づけの工夫
　私は世界を旅することが好きなのですが，各地で授業に使えそうな「モノ教材」を仕入れてきます。そしてそれらを教室に持ち込み，五感に訴えかける授業展開をしています。インドのお香，アメリカ独立宣言文のレプリカ，大航海時代では胡椒，産業革命では綿花，シルクロードではシルクの織物や繭玉，フランス革命時に誕生した国歌「ラ・マルセイエーズ」など視覚，触覚，嗅覚，聴覚をフルに活用して学べるよう工夫しています。説明の時間には寝てしまった生徒も，この時ばかりは起きてくれます。

実際に旅をした国の写真を交えて，旅の経験を語ることもあります。それは私にとっても楽しい時間です。「異文化はおもしろい」「自分でも勉強したい」「いつか行ってみたい」と，世界のできごとに興味をもってもらうことを目標にしています。そこから，自分で学び続けることにつながっていくからです。

③教室を学び合える場所に

　教科書に書いてあることを学ぶだけなら独学でもできます。教室で学ぶ意味は，友達との「学び合い」にあると考えます。特に社会科においては，社会で起こっている事象に対する見方や解釈は人それぞれで，正解が1つに定まるわけではありません。私は授業の終わりや映画などを見た後に，そのテーマに関する意見や感想を求めるようにしています。討論ができると良いのですが，照れもあるようなので，紙上討論の形式で，みんなで共有できるようにしています。たとえば「アヘン戦争」というテーマ1つをとっても「アヘンを売りつけた上に戦争をしかけたイギリスは最低だ」という意見もあれば「この時代の欧米諸国はどこも侵略をしていたのだから，自国がやらなければ他国にやられるので仕方ない」という意見もあります。また，「この時代は仕方なかったけれど，世界大戦という結果を知っている我々は，二度と同じことを繰り返してはいけない」という意見もあります。

　討論を通して，どの考え方が地球市民としてふさわしいのか評価しながら，自身の生き方を考えていくような力を育てることが目標です。「社会科は単なる暗記科目ではなく，教室に来てみんなと学ぶことに意義がある」ということを生徒自身が気づき，それが授業へ向かう原動力になってほしいと願っています。

④生徒が主役の「演習科目」

　3年前，それまでは問題集を解く形式ですすめていた「3年生世界史演習」の授業を，調べ学習スタイルに変更しました。生徒自身が興味のあるテーマを選び，文献を読んでレジュメを作成し，発表を行います。文献選びには図書館

を利用し，取り組みたいテーマに沿った文献を探します。次にどの部分にスポットを当てた発表にするのかを考えながら資料を読み込みます。レジュメはＢ４版１枚に限定し，生徒はポイントを押さえながらスッキリと見やすくまとめていきます。

　発表は１人10～15分の枠のなかで，教室で行います。生徒による質疑応答もあります。生徒どうしの学び合いが主で，教師は裏で支える役割です。生徒のモチベーションが大切な要素となってくるのですが，単位制の生徒は実に真面目に取り組んでくれます。学年制に比べ「自ら学ぶ姿勢」を大切にしている生徒が多いことを実感します。教師主導の授業では眠そうにしているのに，演習の授業では目の色を変えて「楽しい」と頑張る生徒の姿も見られます。とても同じ人物だとは思えず，教師側に多様な評価の仕方が求められていることを教えられます。

　このような主体的な学びができる授業スタイルが，他の教科でも広がりつつあります。主体的な学びこそが，単位制の学びの原点であるといえます。

（２）失敗のなかから生まれた「気づき」や「変化」
　これまで授業の工夫や手法についてあげました。ではこの通りに授業をするとうまくいくのかというと，答えは「NO」です。毎年，教える生徒が入れ替わるたびに「困った！」という事態は発生します。次に，授業のなかで私が葛藤してきたこと，そこから見えてきたことについて述べたいと思います。

　①背景を知ることが大切
　私が，学年制に所属しながら単位制の授業を担当した１年目。授業に向かうと決まって生徒ホールに行ってしまうＩさんに，ある時「何で世界史の授業を受けないの？」と聞いてみました。するとＩさんは「先生は声が大きくて，元気だから……苦手です」と小さな声でいうのです。その一言に，私という人間を否定された気持ちになってしまいました。それ以降，彼女に何も声かけできず，授業で顔を見ることもなく１年が過ぎました。次の年に単位制に異動にな

り，よく聞いてみると，Ｉさんはほとんどの授業に出席していなかったとのこと。授業を受けること自体，ハードルが高いと感じている生徒だということがわかりました。「生徒の言葉のみで判断するのではなく，その背景を知ることが大切だ」とハッとさせられました。それ以降，生徒ホールにいるＩさんにできるだけ声をかけるようにしました。その他の要素もあったのでしょうが，3年生になった時，はじめて授業に来てくれるようになったのです。

　②一緒に考えたいという姿勢を示す
　いつも落ち着きがなく，授業中に静かにしていられないＪさんがいました。授業中はおもしろい発言をして笑いをとったり，全然関係のない話をはじめたりで，まわりの生徒ものせられて騒いでしまうという始末。「授業がうるさくて集中できない」という，他の生徒からの苦情も出ました。それに対し私は，授業中の私語についてクラス全体に呼びかけたつもりでした。しかしＪさんは「先生が注意するときの眼はこちらを向いていた。どうせクラスで邪魔者だと思っているんでしょ？」と，それ以降すべての授業に出席しなくなってしまいました。いくら「邪魔者なんて思っていない」と話しても，よけいに刃をむけるばかりです。職員室では「もう自分は授業に出ない」ということをアピールするような振る舞いをします。「なぜＪさんはこんなに意地を張っているのか。本当に求めていることは何なのだろう？」。そのことを知りたいと思いＪさんに声をかけ続けました。そして数か月が経った頃，Ｊさんは私に，複雑な家庭環境に育ち，家庭が落ち着ける場所ではないこと，また中学時代のつらい経験から人のことが信じられないことを話してくれました。私はＪさんから様々な話を聴き，一緒に考えたいという姿勢を示しました。ちょうどその時期，海外研修旅行があり，4泊5日を友達とともに過ごすなかで，少しずつ「友達を信じてもいいかな……」と思えるようになっていったそうです。その後は，授業にも出るようになっていきました。

③心をオープンにして話す

　私が授業に行くたびに,「あー授業やだやだ。今日は授業なしにして」といってくるKさん。「せっかく準備してきたのに,そんなこといわないで」と返しても,「今日は授業を受ける気分じゃないから」と,生徒ホールに行ってしまうこともありました。ある日Kさんが「先生,人生について語って。私,そういう話が聞きたい」というので,「よっしゃ！　今日は語ろう」と青春時代の失恋の話から現在の自分自身の悩みまで,心をオープンにして話をしました。その時間が終わった後「先生も悩みながら一生懸命生きてるんやな。なんか先生のこと身近に感じたわ」といってくれ,それからは生徒ホールに行く回数が減ってきました。その後,歴史の真髄にせまるような深い話をしたり,教科書には出てこないような資料をたくさん見て考える授業をしたりした時に,Kさんが授業に乗ってくることがわかってきました。「すごいところに興味関心をもっているね」とほめ,関係をつくっていくうちに,Kさんも私の授業に対して「おもしろい」と評価してくれるようになりました。

（3）授業づくりは関係づくり

　「教育は未来への種まきである」。学年制で教えていた時,先輩の先生から教わりました。授業において知識を伝えることも大切だけれど,意欲や学びの技法を伝えることがより大切だと。そのことに加え,私は単位制の生徒たちから「種をまく以前に土づくりが大切だ」ということを学びました。単位制の生徒たちが求めていることは,自分のことを見てほしい,本気でぶつかってほしい,先生の経験談,とりわけ失敗談を語ってほしい,ありのままの自分を認めてほしい,ということだったのです。生徒一人ひとりと向き合い,関係づくりをするなかで信頼感が生まれ,その上で授業がうまくいくようになるという経験をしました。単位制の教師として,生徒と出会い,学び合うなかで成長していけることに感謝したいと思います。

第5節　学校とは何かを問いながら

市田純子

（1）不登校だったから学校にこだわる

　単位制での教員生活は，2006年から始まりました。以前，学年制で担任をしていた時，私は学校とは，勉強をするところだと思っていました。それはある意味，正しいでしょう。学校は学ぶところです。けれどもその頃の私は，模試の偏差値を上げ，進路実績を上げることを「勉強」だと思っていました。この7年で，自分の意識がすいぶん変わったように思います。

　外から見た単位制のイメージと，直接自分がかかわった単位制のイメージは，大きく異なります。私は当初，学校に行けない子どもたちにとって，学校の存在価値は小さいもののように考えていました。それはまったく違っていたということに，単位制に来てから気づかされます。不登校だったからこそ，子どもたちは学校にこだわるのです。

（2）登校できないということ

　今までに出会った不登校歴が一番長い生徒は，幼稚園からだという生徒でした。小学校，中学校で登校した日数は合わせて1か月ほど，という生徒もいました。そういう生徒とかかわっていると，自然に「学校とは何か」という問いが生まれます。私たちは，なぜ学校に通うのでしょうか。学校は何のためにあるのでしょうか。

　「今の社会，高卒の資格ぐらいは必要だから」と多くの生徒，保護者はいいます。しかし，高卒の資格だけなら通信制高校でも取得できます。高等学校卒業程度認定試験に合格すれば，大学や専門学校にも進学できます。不登校を経験した子どもたちが，本校のような「全日制普通科単位制」を選ぶのは，学校が資格を得るためだけの場所ではないからです。

　希望を抱いて入学した高校であっても，入学式の翌日からぽつぽつと欠席が

増え始めます。5月の連休を過ぎる頃から空席の方が多くなります。教室に行くと，40人クラスのはずが10人程度，ということもありました。

　登校者が少ない朝の担任はつらいものです。1年生の頃は，私の顔色をうかがう生徒の様子を感じます。「今日はこんなに少ない」と担任が嘆くのを心配しているのです。担任の元気がないと生徒も元気がなくなります。だから，どんな時でも笑顔で教室に入ります。涼しい顔をして，「こんなに休みが多いなか，登校しているあなたたちはすごい！」と，自分でもわけのわからない言葉で絶賛します。本当は，泣きたい思いです。なぜ登校できないのか，まったくわからない日々が続きました。

　「あまり学校に行っていなかったので勉強についていけない」「人間関係をつくるのが苦手」「集団に入れない」「朝，起きられない」など。それなら，なぜ，あなたは高校に入ることを選んだのか。なぜ，毎日登校するというこの単位制を選んだのか。言葉にできませんが，こんな思いを何度胸に抱いたことでしょう。それはすなわち「学校とは何か」という私自身に対する問いでもありました。

（3）登校するということ

　学年制で担任をしていた頃は，朝の小テストの点数や，クラスの課題提出状況や，生徒の服装に違反がないかということばかりに神経を使っていたように思います。生徒が毎日登校してくるのが当たり前でした。そのうえで，さらに上のことを求めていました。その頃のことを，今になって反省しています。生徒が毎日登校するということを，もっとほめるべきでした。ただそこにいるということを，もっと喜ぶべきでした。単位制で担任をしていると，生徒は登校してくれるだけでありがたいのです。様子もわかるので，顔を見られるだけでうれしいのです。欠席が続くと，まずは電話連絡をします。単位制の職員室にある4台の電話機は，夕方になるといつもいっぱいです。

　単位制の大きな特徴は，学年制と同じ学校生活をしているという点です。同じスケジュール，同じ生徒指導方針，同じ学校行事で毎日は進んでいきます。

そんななかで担任の大きな悩みは，生活の様々なルールです。
　たとえば，「遅刻をするな」というルールがあります。当然のルールです。朝は8時半から始まります。けれども，休みが続く生徒，遅刻したらもう教室に入れないという生徒が大半だと，「遅刻してもいいから，とにかく学校に来なさい」ということになります。一方では遅刻した生徒を注意し，一方では遅刻しても登校できたことを喜ぶのです。まさにダブルスタンダードです。指導の違いに，生徒から不満が出ることもあります。このような悩みはつきません。社会に出れば，不登校経験者だからといって配慮してもらえるわけではありません。どう指導・支援するべきか，自問自答の毎日が続いています。

（4）海外研修旅行
　単位制は，様々な行事を通して生徒の成長を図ることを教育の柱としていますが，なかでも2年生秋に行われる海外研修旅行は最大の行事です。
　学年制は，アジア方面へ約10コースに分かれて各自が選択して行くのに対して，単位制は全員が同じコース（第1期生から第10期生までは中国・蘇州）に行きます。これは，海外研修旅行という大きなハードルを，クラスという集団の力で乗り越えてほしいと考えているからです。学年制の生徒に比べて，単位制の生徒はクラスという集団での経験が乏しく，あこがれも強くもっているからです。
　私は，学年制と単位制の両方で，何度も研修旅行にかかわってきました。学年制で担任をしていた頃は，単位制の研修旅行を見ていて，「登校もままならない生徒を，無理して研修旅行に参加させる必要はない」「せめて行き先を国内にするなど，もっとハードルを下げた方がいいのでは」と思っていました。
　実際，研修旅行までの道のりは，長く険しいのです。最初の取り組みは「説得」から始まります。「行きたくない」「不安だ」という声に耳を傾けつつ，「でも一緒に行こう」と説得します。そもそも学校の教育行事である研修旅行に「行きたくないから行かない」という選択肢がありえるのか，と怒り出したい気持ちを抑えて，根気よく説得します。小学校も中学校も登校していない生

徒，今まで修学旅行はおろか宿泊体験も十分でない生徒たちです。いきなり4泊5日，それも海外へ行こうと言われても，不安になるのは当然です。

　そんな子どもの不安を増幅させる保護者も多くいます。研修旅行は，親も試される時です。子どもが親の手を離れて成長しようとする時，親はどこまで自信をもってその手を離せるでしょうか。「大丈夫だから，行っておいで」といえるでしょうか。親が先に「こんな心配なことや，困ったことが起こるかもしれない」などと不安になってしまうと，子どもは安心して飛び立つことができません。面談で，電話で，家庭訪問で，研修旅行が子どもの成長にとって大切な教育活動であるということを保護者にも理解してもらいます。

　入学式から研修旅行まで，ほとんど登校していない生徒もいます。登校していないということは，友達がいないということです。グループづくりも難航します。新しい経験に過度な不安を抱く生徒もいます。旅程を丁寧にシミュレーションすることも大切です。下見の写真を見せながら，個別で何度も説明します。それでも，直前になってどうしても不安になりキャンセルする生徒や，当日，集合場所に現れない生徒もいます。自分の無力感を覚える時です。

　けれども，つらいことばかりでもありません。2年生の夏休みを迎える頃から，学校生活は研修旅行一色となり，生徒は生き生きと活動するようになります。各教科の先生と連携をとり，中国に関連した授業を展開してもらいます。漢文で，現代社会で，歴史で，英語で，クラス通信で，すべてのベクトルが研修旅行へと向いていきます。同時に，現地校との交流会で行う出し物の練習も開始します。その頃になると，生徒がすすんで「みんなで一緒に行こう」と学校に来られていない生徒を誘ってくれるようになり，心が熱くなります。

　単位制で何度か研修旅行に取り組むうちに，確信のようなものが芽生えました。それは「研修旅行は集団づくり」という思いです。集団が同じ課題を乗り越えることによって，体験を分かち合い，つながりを深め合うということです。

　実際，研修旅行の取り組みを通じての成長は著しいのです。「自分にはできない」が，「やってみたら意外とできた」に変わります。「自分1人ではできな

かったことが，まわりに支えられてできた」という経験も重要ですが，「自分もまた誰かを支えることができる」という自信は，子どもを大きく変えます。

　研修旅行最後の夕食，レストランで食卓を囲む生徒の笑顔は，それまでに見たことのないものでした。「やりとげた」「達成した」という思いでいっぱいの夕食です。やりとげた自分と，それを支えてくれた友達のために，中国での最後の夜，全員で盛大に「乾杯！」と声をあげました。儀式は，目に見えないものを具現化する方法の1つです。

　前回の研修旅行では，旅行中に誕生日を迎えた2人の生徒のために，特大のケーキを用意しました。もちろん生徒には秘密です。食卓につく頃，ある生徒が「先生！　あいつ，誕生日やで」といい出しました。「じゃあ，ハッピーバースデーを歌おう」と全員で歌い始めると，ウエイターがケーキを高く掲げて入室してきました。その時のみんなの歓声と，うれしそうな顔が忘れられません。「この仲間で中国に来られて良かった」と，涙，涙の夕食会でした。

（5）「学校とは何か」という問い

　この7年間で，自分のなかで大きく変化したと思うのは，生徒の成長を信じるという姿勢です。学年制のシステムでは，1年の3分の1の欠席があると原級留置になります。原級留置になった生徒の多くは進路変更し，その後の様子は詳しくわかりません。単位制は原級留置という措置がないため，長いスパンで成長を見守ることができます。1年生でほとんど登校できなかった生徒が，3年生では元気に登校できる。1年生では家から出られなかった生徒が，3年生では友達と笑い合っている。それは，奇跡を見ているようです。

　時に教師は自分のかかわる1年，あるいは2年，3年間で指導の成果を出そうとしがちです。教師がかかわれるのは卒業までの限られた時間だから，それは当然だともいえます。でも，私たちは長い人生のほんの3年間を一緒に過ごすにすぎません。その3年間で必ずしも結果が出るとは限らないのです。生徒は教師の都合に合わせて成長するわけではありません。今，必死にかかわっていることが10年後，20年後に実を結ぶことだってあるのです。ペースは一人ひ

とり異なっていても，生徒は確実に成長します。単位制で教師をすることは，未来へ希望を抱き続けるということです。

　単位制の生徒にとって，学びの手法としての体験学習の意味は大きいものです。学校は，困難な課題を助け合って解決していくというワークショップの場ではないかと思います。生徒たちが「実社会」という大海原に出ていく前に，様々な人々と出会い，体験を積む場なのです。偏差値や進路実績に目を奪われていた頃には，考えもしなかったことです。

　学校に通うということは，誰かと出会い，つながるということです。しかし，人間関係の体験が少なければ，ぶつかることも多いものです。未熟な生徒たちだから，新しい体験のなかではトラブルも失敗もあります。

　失敗しないことは簡単です。何もしなければいいのです。家にじっとして誰とも出会わないようにすれば人間関係のトラブルも最小限ですみます。しかし，生きるということは，未知の体験に出会うことなのです。学年制にいた頃は，クラス内のトラブルを恐れていました。今は，「これもまた学びなり」と思います。トラブルのない人生など，あり得ないのですから。

　ケンカしない力よりも仲直りする力を，転ばない力よりも起き上がる力を，失敗しない力よりも失敗を乗り越える力を，学校という場を通して一緒に学びたいと思っています。これが，「全日制普通科単位制」を選んだ生徒たちの「学校とは何か」という問いに対する，私なりの答えです。

第 5 章

小さな単位制課程の意味のある取り組み

　単位制課程では，教師に加えて様々なスタッフが生徒支援のためにかかわっており，スタッフが機能を発揮するための独自のシステムがつくられてきました。具体的には，専任のスクールソーシャルワーカー（SSW）配置，学年制も含めた複数のスクールカウンセラー（SC）配置，大学の専門家を加えた毎月1回の事例検討会，大学生による生徒支援としてのラーニングアシスタント（LA）の4点をあげることができます。とりわけ，専任のSSWの配置は私学では類を見ない大きな特色であり，その業務も学外の専門機関との連携をはじめ，LAへの指導やSCと保護者・生徒とのコーディネーターなどの役割も担っています。
　こうした単位制独自の意味のある実践がうまくつながることによって，生徒支援の幅と深みが生まれているのです。

第5章 小さな単位制課程の意味のある取り組み

第1節　スクールソーシャルワーカー（SSW）の実践

野本実希

（1）高校におけるスクールソーシャルワーカーの必要性

①スクールソーシャルワーカーとは[*]

　スクールソーシャルワーカー（以下，SSW と表記）とは，学校に在籍する子どもが生活上で不適応を起こしたり不利益を被るような事態にある場合に，それを取り巻く環境の改善を図るため，社会福祉等の専門的な知識・技術を用いて，生徒や保護者の相談に応じたり，福祉機関等の関係機関とのネットワークを活用して援助を行う専門家のことです。

　子どもは，子ども自身が本来持ち合わせた発達上の課題だけではなく，家庭環境や社会環境などの影響も受けて，生活上の困難を示します。しかしそれに学校だけで対応していては支援の幅が限定されて，改善がはかりにくい場合があります。そのような事例等に対して，SSW は支援を学校内だけに限定せず，行政・保健医療・福祉・教育・就労などの分野で支援を行う諸機関とも調整・連携をはかりながら支援にあたります。

　2000年以降，兵庫県や香川県，大阪府などで行政による SSW の雇用はゆっくりと進んできていましたが，2008年度には「スクールソーシャルワーカー活用事業」として，国の予算で各都道府県に配置され，全国的に広まりました。各自治体の教育委員会に雇用され，公立の小中学校に配置もしくは派遣される形での活動がほとんどです。

　公立学校では高校に SSW が入る例が少しずつ増えてきていますが，私立学校が SSW を採用する例は全国的にもまれです。

---

[*] 日本スクールソーシャルワーク協会（編），山下英三郎・内田宏明・半羽利美佳（編著）『スクールソーシャルワーク論』学苑社，2008年を参考にまとめた。

②高校にスクールソーシャルワーカーを導入する意義

では，高校にSSWを導入する意義は何でしょうか。それは「高校」という校種の特徴と考え合わせると見えてきます。

高校の特徴として，第1にあげられるのは，義務教育ではないということです。ここには，停学，退学などの学籍に関する規定，問題行動に対する懲戒規定といった枠組みがあることも大きな特徴です。懲戒規定があることで，学校から生徒への影響力（プレッシャーも含めて）が大きいといえます。その一方で，生徒自身が「退学」を選択することもできるため，学校とのつながりを断つこともしやすいのが高校です。しかし高校生でなくなった時，子どもは社会との接点を自らの力でつくっていく必要に迫られることになります。

第2に，小中学校に比べて，校内での分業度が高いということです。生活面は「生徒指導部」，進学や就職は「進路指導部」，取得単位の管理は「教務部」など，生徒の学校生活に関する担当分野が分かれているのです。しかしながら，お互いの部署で情報を共有することが少ないため，複数の分野にまたがった相談や，複数分野での指導の兼ね合いが必要な事例の場合，その連携を取る難しさがあります。

これらの特徴からいえることは，高校は生徒たちに自立に向けた力の育成を担う一方で，そこから去ることを生徒自らが選択したり，適応できずに排除される生徒をつくるシステムも持ち合わせているということです。また，校内での連携の取りにくさから，校内でネットワーク的な指導・支援を受けにくいという傾向もあると思われます。

だからこそ，SSWのもつ，ネットワークを構築するコーディネーターとしてのスキルや，生徒の不適応への予防的なかかわり，子どもの力を本人や周囲の人たちとともに探り，それを伸ばしていくことに力点を置いたかかわり（エンパワメント）などが必要となってくるのではないかと考えます。

（2）近江兄弟社高校へのスクールソーシャルワーカー導入の経緯

単位制では，創設当時から，教員以外のスタッフの導入や協働に積極的でし

た。学生ボランティア（ラーニングアシスタント：以下，LA と表記）の存在や，スクールカウンセラー（以下，SC と表記）との連携がその代表的な例です。「学校内外にある資源を積極的に活用しながら，生徒への指導・支援を考える」という風土が単位制にはあったといえるでしょう。

　しかしながら，生徒の支援に役立つ学校外の社会資源を開拓したり，複数の機関で協力して生徒や家庭を支援していくようなネットワークをコーディネートする役割を教員が担うことは困難でした。そういった業務の必要性は感じていても，教科指導に担任業務や生徒・保護者への個別対応，事務作業などの多岐に渡る任務を担う教員では，そこまで手が回らないというのが実情だったのです。

　そのようななか，単位制創設から4年が経った頃，当時，関西を中心に少しずつ広がりを見せていた SSW という存在を知った管理職が，新たな職種として SSW を雇用しようと動きました。そして，その当時，校内で LA のコーディネートを担いながら SSW について学び始めていた私は，常勤職員として雇用され，2006年度よりその任務に就くことになりました。

　私はそれまで，単位制の現場にかかわるなかで，不登校になったり，人間関係がうまく築けなかったり，問題行動を起こしてしまったり，精神疾患を発症したりする子どもたちを見てきました。そして，そういった子どもたちが，学校に適応することへの難しさを抱えながらも，学校での体験を強く求めていることを感じていました。だからこそ私は，学校のなかで子どもたちの支援にあたるスタッフでありたいと思っていました。

　しかし同時に，単位制の教員が生徒たちに一生懸命かかわり，それでもなかなか思うような状況の改善が見られずに肩を落とす姿も見てきましたし，私自身が子どもたちの力になれていないという無力感を感じたことも多々ありました。そんな私の転機になったのは，単位制創設から3年が経ち，単位制から初めての卒業生が巣立った時です。教員と LA と私で協力しながらかかわった生徒が，「この学校に来てよかった」といって卒業する姿を見て，力を合わせたスタッフたちとその喜びを共有できた時，私の目の前に新たな視野が開けた気

がしました。子どもたちの力になる存在はたくさんあり，担任やLAや自分が単独では小さな力であっても，それを子どもたちの状態に合わせてうまく組み合わせることで，子どもたちの力を引き出すことができるかもしれないと思うようになったのです。

そんな時にSSWを知り，学校内だけで支援しようとするのではなく，学校内外にある資源を活用したネットワークを用いて支援することの必要性を感じました。そしてそのコーディネートを専門的に担うSSWのような存在が単位制には必要だと確信したのです。

そうして単位制を中心に始めたSSWの活動でしたが，その後，2011年度からは高校専任のSSWとなり，単位制に限らず学年制の事例にもかかわることになり，活動の範囲は年々広まっています。

(3) 近江兄弟社高校でのスクールソーシャルワーカーの実際

「私立」の「高校」に「常勤」のSSWがいるのは全国的にも希少な例です。そのため，単位制でのSSWの活動は，その他の地域や校種でのSSWの活動とは異なる部分が多々あることを前提にしながら，その実際の活動を紹介します。

私がSSWとして心がけていることと，それに基づいた日常がある上で，実際に行う支援は，生徒や保護者に直接かかわるものと，直接のかかわりはもたない間接的なものとに分けられると思います。

① SSWの役割と大切にしていること

SSWは，生徒を取り巻く環境に応じたネットワークづくりや，そこでの指導・支援を考える機会づくりを行います。その際に大切にしていることがいくつかあります。

まずは，「生徒にとって最善の利益を考える」ことです。ここでいう「利益」というのは，その場限りのものではなく，また，目に見える形あるものとも限りません。高校生という，実社会に近い場にいる生徒たちにとっての「最

善の利益」とは，社会に出て自立した豊かな人生を送っていけるようになることだと私は考えています。

そして，「できていることや得意なことを活かす」ことも大切にしています。困難な状況にある生徒を理解しようとすると，どうしても「できないことや苦手なこと」に目が向きがちです。もちろんその背景を理解することも大切なので，生徒自身や保護者や教員と一緒に考えていきますが，生徒が「できていること」や「得意なこと」も必ず見るようにしています。できていることを増やしたり，得意なことでつながりをつくっていくことで生徒の力が育ち，できないことや苦手なことをカバーできるようになったりもするからです。そのようなかかわりを進めていく時の基盤となるのは，「子どもたちのなかには育つ力が必ずある」と信じることだと思っています。

もうひとつ，SSWとして大切にしているのは，「現在ある資源を見つけ出し，活用すること」と，「必要だと思う資源は開拓する」という考え方です。ここでの「資源」というのは，生徒たちの力になる人やモノという意味です。学校内にとどまらず，家庭内や地域社会にも目を向けると，どこかに資源は見つかるものです。学校では人間関係をつくりにくい生徒が，地域での習い事や趣味の世界で人間関係を築いていくことができて自信をつけたり，学校では専門的なケアができない精神疾患のある生徒が，医療機関で治療を受けて回復していったりするのは，その代表的な例です。ただ，生徒によっては，つながりやすい資源が見つからない場合もあります。そのような場合には，「新たにつくり出す」という視点も重要だと思っています。

②日常から情報をキャッチする

子どもたちやそれを取り巻く環境の課題を見つけ，それにネットワークを用いて支援していくのがSSWの役割であり，そのためには情報をキャッチすることが何よりも必要です。

クラス担任や授業担当をもたないSSWが，学校全体の流れを知り，生徒たちとふれあったりその様子を見る機会を得るためには，日常の学校生活場面を

ともに過ごすことが大切だと考えています。そういった意味でも、常勤職員として勤務する利点は大きいと感じています。

　日常の学校生活のなかで、一見すると雑用のようなことのなかにも、情報をキャッチする機会はたくさんあります。たとえば、掃除時間の監督をするなかで生徒たちの人間関係が見えたり、職員室の留守番をするなかで、遅刻や早退をする生徒の様子がわかったり、電話の取次ぎをした保護者から家庭の状況をうかがえたりもします。日常生活のどのような場面も、生徒やその環境を理解する材料になると考えています。

　③直接的支援

　生徒や保護者と直接かかわる支援としては、個別での面談が中心になります。生徒や保護者みずからが面談を求めてくることもありますし、担任の先生を介して接点をもつこともあります。

　面談のなかでは、学校生活や人間関係や家庭環境、不登校や発達障害や精神疾患など、それぞれが現在困っていることの相談を受けますが、困った状況の背景を探るだけではなく、改善に向けて今できることを一緒に考えたり、提案したりするようにしています。そのなかで、SSWとしてできるお手伝いや情報提供を行っていきます。

　必要に応じて、教員や保護者あるいはSCやLA、同級生や先輩との橋渡しをしたり、校外機関の紹介や同行をすることもあります。たとえば、同級生とのかかわりにくさに悩む生徒に対して、まずはLAとのかかわりから練習してみることを提案して紹介したり、心理的なケアを必要とする子どもへの接し方に悩む保護者にSCの利用をすすめたり、就労を希望しながらも一人で就職活動を行うことが難しい生徒に、就労支援の機関を紹介して同行し、その後しっかり通えるようになるまでフォローアップの面談を継続したりもします。

　④間接的支援

　生徒や保護者と直接のかかわりをもたない間接的な支援は、大きく2つに分

けられます。

【学校内の資源との連携】

単位制では、「担任一人で抱え込まない指導・支援」が大切にされます。複数のスタッフで考えたりかかわることで、多角的な生徒理解や多様な生徒対応が生まれ、指導・支援の幅が広がるからです。それは、生徒の環境が豊かになることにつながります。

学校のなかにも、生徒たちの環境を豊かにする資源は多くあります。担任の先生や教科担当の先生をはじめとする教員、SC、LA、先輩や同級生などです。それらの資源と生徒や保護者を"つなぐ"ことも、SSWが行う支援です。

教員は、生徒にとって学校での指導・支援のキーパーソンになることが多いため、私も日常的に協力体制をつくるようにしています。職員室での談話や職員会議への参加などを通じて、それぞれの教員の価値観や個性を知ることも大切にしていて、それらを活かした生徒への指導・支援を一緒に考えたいと思っています。

SCとの面接を希望する生徒や保護者がいる場合、そのコーディネートはSSWが担当しています。そのため、SCとの連絡も密に取りながら、それぞれの事例に応じたマッチングや支援方針の確認などを行っていきます。

また、LAの活動の運営もSSWが担当しています。LAの活動が生徒にとってよりよいものになるように、LAの募集や日程調整などを行うと同時に、LAたちが活動しやすいよう、研修などのサポートもしています。

【学校外の専門機関との連携】

生徒にとって力になる資源は学校外にもたくさんあります。保健医療、福祉、発達支援、就労などに関する専門機関や、行政機関、自助グループやNPO法人といった民間団体など、様々な社会資源の情報を収集し、事例に応じて適した機関の情報提供をしたり、実際に連絡を取ってつないだりすることもSSWが行う支援です。学校外の専門機関（以下、専門機関と表記）との連絡窓口や橋渡し役になっています。

また、複数の専門機関がかかわっている事例において、各機関の特長を活か

した役割分担によって支援がより有効なものになると思われる場合には，専門機関との会議をもつこともあります。

　専門機関と連携をすることで，生徒が居住している地域でも支援を受けられたり，専門機関で受けている支援を学校生活に活かすこともできます。専門機関との連携を通じて，生徒たちが安心して成長できる環境が広がると考えています。

　近年，連携が増えているのは，発達支援や福祉，就労に関する専門機関です。いずれも，高校を出た後の人生全体にかかわる分野であり，高校生活だけではなく，その後の人生を見通した支援を考えながらの連携が必要となります。その一方で，年齢が18歳を超えると，それまでと比べて受けられる社会的サービスが減るという社会制度の現実もあり，事例によっては連携できる専門機関が限定されてしまうことに，しばしば頭を悩ませます。

（4）単位制におけるスクールソーシャルワーカーの存在意義と課題
　① SSW の存在意義
　2006年に単位制に SSW が導入されて，8年目となります。その間の実践から見える SSW の存在意義は，以下の2点だと思います。

　第1に，教員と異なる視点をもった存在ということです。教員は，教育の専門家であり，子どもたちに必要な知識を与え，必要な力を身につけさせるべく「指導する」ことが大きな役割です。その一方で，教員の指導だけでは改善しない問題を抱えた生徒もいます。その際に，福祉的な視点で生徒とそれを取り巻く環境を見つめるスタッフがいることで，新たなアプローチを見出せることがあります。

　ただし，それはもちろん SSW だけの力ではなく，日々の生活のなかで生徒を真摯に見つめる教員のまなざしがあってこその発見であることが多いです。したがって，学校における生徒支援のキーパーソンである教員とともに考え，異なる視点をもった者同士として協議ができることで，SSW はその存在意義を発揮できるのです。

第2に，学校と専門機関の橋渡しになる存在ということです。学校では相談内容によって担当部署が異なるため，専門機関からすると，学校へ連絡を取る際の窓口はわかりにくいようです。しかしSSWが存在することによって，相談の内容にかかわらず，まずSSWへ連絡を取り，SSWが校内での担当者へ引き継ぐといった流れが可能となります。窓口を一本化することで，専門機関は学校への連絡を取りやすくなり，連携がスムーズにいく事例が増えてきています。

②SSWの課題
　単位制のSSWの活動には，いくつかの課題もあります。
　第1に，学校に雇用されている職員であることから，「学校側の人間」という見方をされることが，時には欠点になるということです。学校と家庭をつなぐ際に，「学校側の人間」と見られることで，学校不信が背景にある場合には抵抗を示されたり，相談内容によっては話しにくいと感じられることもあると思います。
　SSWが，学校職員でありながら「学校」の枠にとらわれない視点と，教員とは異なる価値観をもっていること，そしてどのような実践をする職員なのかを発信していく必要があると思っています。
　第2に，社会資源の情報収集の難しさです。本校生徒の居住地域は，滋賀県内全域・近隣府県にわたります。そのような広域性からも，私学は各市町村の行政機関との日常的なつながりが希薄になりがちで，情報交換の機会もほとんどありません。社会的サービスを利用する際には，居住地域の条件があることがほとんどなのですが，各市町村の社会的資源の情報自体が乏しいため，まずは情報を得ることから始めることになります。また，実際に連携を取る際にも，各機関の特徴を把握できておらず，門前払いされてしまうこともあります。
　すべての社会資源の情報を得る近道はありません。私はSSWとして，一つひとつの事例でつながることができた社会資源との関係を大切にしていく必要性を感じています。

第2節　スクールカウンセラー（SC）の実践

武藤　百合
田中美知代

（1）単位制課程における学校カウンセリング

　近江兄弟社学園のカウンセリングルーム（以下，こころセンターと表記）は，近江兄弟社学園の創立者，ヴォーリズが設計したハイド記念館内にあります。登録文化財である古い建物全体に創立者の人柄がにじみ出ているような，優しい雰囲気が満ち溢れており，カウンセリングに訪れる生徒や保護者は，こころセンターに足を踏み入れるなり，よく「アットホームな温かい感じで，落ち着く空間。ここに来るとホッと安らぐ」とおっしゃいます。

　こころセンターでは，現在スクールカウンセラー（以下，SCと表記）が週5日間，4人体制（女性3名＋男性1名，いずれも1日8時間の週1～2日勤務）で活動しています。全員が臨床心理士の資格を所持しており，公立校のSC，病院臨床，個人開業など，様々な臨床経験をバックグラウンドに，各々の専門分野を生かしながらケースを担当しています。単位制には主に女性SC2名がかかわっており，何らかの不適応問題に悩む生徒やその保護者のカウンセリング，教職員を対象とするコンサルテーション活動，研修会の開催，親の会の参加など，様々な学校臨床活動を行っています。

　単位制の生徒のカウンセリングを行ううえでは，昼間の授業出席が難しい場合，夕方開講のハイブリッド授業出席で単位を取得できるなど，単位制独自のシステムを頭に入れておく必要があります。また，教室に入るのが難しい生徒には生徒ホールや自習室などの居場所もありますので，そうした単位制独自の環境を念頭に置きながら，回復の段階に応じた学校復帰のタイミングや方法を，生徒と一緒に考えています。

　また，近江兄弟社高校では，スクールソーシャルワーカー（以下，SSWと表記）が専任職員として任用されています。SSWは，申し込みケースの割り振

り（担当 SC とのマッチング）や，教職員コンサルテーションの日程調整，学校生活における生徒の状況に関する連絡など，カウンセリングにまつわるすべてのコーディネートを担当しています。SC と SSW が相互に連携することにより，生徒を立体的な視点で支えることが可能になるとともに，SC と教職員の協力体制も，かなりスムーズになっています。

（2）保護者面接の位置づけと現状

　学校現場において，SC は，生徒への心理的援助，保護者（親，養育者）への支援，教職員へのコンサルテーションという役割を担っています。ここでは保護者への支援（以下，保護者面接と表記）について，その意味を考えます。
　スクールカウンセリングの目的は，あくまで困難を抱える生徒への支援が中心になります。そして，保護者面接は，その生徒を側面から支えるために必要な情報の供給源として位置づけられています。このように，保護者面接は困難を抱える生徒に対して，保護者がより適切にかかわれるようになるためのものです。

①保護者の来談動機と困りごと

　保護者面接は，生徒面接と同様に，教員（担任等）や SSW から案内を受け，希望されることが最も多いです。他方で，生徒が来談できるまでの間，面接を希望される場合や単位制「親の会」での SC の講座をきっかけにして面接が始まったケースもあり，保護者からの依頼で面接が開始されることも日常的です。なお，講座は「不登校の理解と対応」をテーマにして，これまで 2 回実施しています。
　保護者の主な困りごとは，「子どもへのかかわり方」「言葉のかけ方」などであり，保護者として子どもに「どのようにかかわればよいか」「どう言葉をかけたらよいか」と，困っておられることがわかります。

②学校カウンセリングの特徴

　保護者とSCの両サイドから特徴をとらえると，まず，保護者サイドからは，カウンセリングに対する関心および，相談意欲が高いことがあげられます。次に，SCサイドからは，スクールカウンセリングの体制が整い，充実していることがあげられます。公立の学校では，SCの人数，年間勤務時間数等の関係上，教職員に対する生徒へのかかわり方などのコンサルテーションを主としていますが，本校では，教職員へのコンサルテーションだけでなく，保護者への面接時間を生徒と別時間で設定し，面接回数も制限せずに実施可能であり，場合によっては，母子並行面接（子ども担当とは別のSCが保護者を担当）も実施しています。

（3）保護者面接の意味
　SCは保護者と同じ地平に立って考える姿勢を基本とし，時には，保護者面接が子育ての自信回復の場，息抜きの場にもなるように支援しています。
　中学校・高校時代は，思春期から青年期にあたり，子どもから大人への移行期であり，からだの発育はめざましく，こころの面でも自分自身（内面）に目を向けるようになり，これまでとは違った価値観を身につけていく時期です。このようなことから，保護者面接では，子どもの成長を見守る姿勢，すなわち，子どもを信じてじっと見守り，子どもが助けを求めてきた時に，いつでも助けられるように大きく手を広げて待っていることの大切さも伝えています。
　また，この時代は悩んでいても自分を表現することが恥ずかしかったり，言葉でうまく表現できなかったりするため，SCは言語的なかかわりのみならず，非言語的なアプローチ（描画，箱庭など）も行います。このように，子ども面接で得られた情報と保護者面接で得られた情報を基にして，SCは保護者や教職員と連携し，生徒の家庭や学校での環境づくりを考え，支援しています。保護者がこれまでの子どもに対する接し方を振り返り，より適切なかかわりができることが，子ども自身の内面の変化につながります。そして，保護者面接をきっかけにして，子ども自身がカウンセリングに来ることもあります。

このように，保護者だけでも面接を受ける意味は大きく，子どもの様々な可能性を見出し，保護者が子どもを新たな気持ちで育てなおすことをお手伝いさせていただく場になっているのではないかと考えています。

（4）生徒の自己理解を深めるカウンセリング

　「単位制に入ったら，新しい気持ちで頑張ろうと思っていた」。このような言葉を，カウンセリング場面で単位制の生徒たちから何度聞いたことでしょう。生徒のなかには，小中学校時代から，何らかの理由で不登校であった人々が少なくありません。多くの場合，そうした経験をもつ生徒たちは希望を抱いて単位制に入学し，昔のように不登校になるまいと，心機一転「新しい気持ちで」頑張ろうとします。その結果，もちろんうまく単位制に適応していく場合もあるのですが，再び学校に来ることが難しくなってしまう場合もあるようです。なぜ，そのような状況になってしまうのでしょうか。たとえば，気負い過ぎて体力がついていかない，クラスの人間関係がうまくいかない，家庭でつらい問題があるなど，その理由は様々です。また，そうした理由が複雑に絡み合っているケースも少なくありません。

　SCの役割は，生徒が抱える悩みについて，生徒とともに考え，整理しながら解決の糸口を探すとともに，必要に応じて専門的な観点からアドバイスを行うことです。その際のSCのアプローチはSCにより，また，生徒によって異なります。私（武藤）の場合は必要に応じて心理検査を行いますが，最近は検査の希望者が増えつつあるようです。医療現場で心理査定やカウンセリングを長年行ってきた経験から，こころセンターにおいても，様々な心理検査を導入，施行しています。たとえば，親子関係を客観的に見つめ直すための親子関係診断テスト（FDT），将来の職業について考えるための職業興味検査（VPI），知的能力を測るための京大NX知能検査，自分の性格を見つめ直すためのYG性格検査やエゴグラム，バウムテストなど，生徒の抱える問題に応じて様々な心理検査を使用しています。検査結果は，生徒の自己理解と問題解決に役立つよう，わかりやすい表現を用いながらフィードバックしています。

SCとしての長年の経験から，不登校など病気と同じく一見マイナスな状況からも，プラスの意味を見つけていくことは可能であると考えています。たとえば，不登校をきっかけに，家族関係のひずみや，自分の物事のとらえ方のクセに気づき，各々のペースで少しずつ，良い方向に変化していく人々がとても多いのです。そのような意味で，SCの役割は，マイナスな状況の陰に隠された，それぞれの自己成長の可能性を発見し，そこをサポートしていくことにあると考えています。

（5）学校カウンセリングの事例と生徒の変化

　次に，具体的な事例を紹介したいと思います。なお，事例はプライバシー保護のため，複数の事例をブレンドしたものです。

> 【事例の概要】
> - 生徒氏名：L子，単位制課程2年生（カウンセリング開始時）。
> - 主訴：クラスに入ることができない。
> - 外見・印象：中背，やや痩せ気味。色白でおとなしそうな整った顔立ち。礼儀正しく，育ちの良さを感じさせるが，声が小さく表情に精彩がない。
> - カウンセリングを受けるまでの経過：中学2年時，クラスでいじめを受けてから不登校になり，中学3年時は「適応指導教室」に通っていた。担任のすすめで単位制課程を受験し合格。高校1年ではほぼ毎日登校していたが，2年の7月から調子が崩れ，腹痛を理由に休みがちになる。成績は良く，クラスでの友人関係は良好だった。9月の夏休み明けから全欠状態が続いたため，担任のすすめにより，カウンセリングを受けることになった。

①第1期　初めの半年間──自分自身を振り返る時期

　L子さんは，カウンセリングルームで涙を浮かべながら次のように語りました。「単位制に入ったら，新しい気持ちで頑張ろうと思っていたけど……何か疲れてしまって。中2の時，いじめられていた子をかばったことがきっかけで，クラスで無視されるようになった。つらくて中学に行けなくなったから，ここでは頑張ろうと思っていた。親にも心配かけて悪かったし」。単位制では中学

の分も頑張ろうと，随分と無理をしていた様子でした。L子さんの性格を客観的に見つめ直すために，SCがYG性格検査とエゴグラムを実施したところ，協調性があり内向的で神経質，自分の意見を主張できない面があるという結果が出ました。その結果に，L子さんも納得した様子でした。「もともとひとりでいるほうが落ち着くほうなのに，友達をたくさんつくろうと無理に頑張っていた」。クラスメイトの話に同意できない時も自分の思いをいえず，曖昧な笑顔をつくっていたようです。「中2の時，自分の本音を話してクラスの子が全員離れていってから，人から嫌われるのが怖くて」。本音の上手な伝え方を学ぶために，SCは吹き出しのなかに自分の本音の台詞を入れるワークシートを用いて，様々なシチュエーションで自分の思いをスムーズに伝える方法について，L子さんと話し合いました（自己主張トレーニング）。L子さんは「今まで本音を抑えるばっかりだったけど，上手に伝えればいいんですね」と，気づきを得た様子でした。

　L子さんが学校に通いづらくなったきっかけは，「友達」のようでした。SCがL子さんの考える「理想の友達」について尋ねたところ，「うーん……（じっくり考えて）本音がいえる人。単位制では人に合わせ過ぎて，家に帰って自分の部屋に戻るとグッタリしていた。今は自宅でドラマを観ている時が一番楽しい」と語りました。学校を休んでいる間，L子さんはひとりの時間を楽しんでいるようでした。SCは，今はゆっくりと休んで，充電したほうが良いとアドバイスしました。

　②第2期　次の半年間──自分のペースで登校し始める時期
　L子さんは，高3の4月より自分のペースで教室に戻り始めました。「教室に入った時『久しぶり！』と声をかけられた。心配してくれてうれしい反面，気をつかってしまって疲れた」。SCがクラスでのL子さんの人間関係を相関図で表してみると，今まで仲の良い「友達」として語っていた3名について，Mさんには心から好感がもてる一方で，NさんやOさんとは話が合わないなど，本当の気持ちが明らかになってきました。「同時に3人から好かれようと

してしんどかったのかもしれない」。L子さんは自分が無理をしていたことに気づき，SCはまずMさんとの関係を大切にしたほうが良いとアドバイスしました。

　5月に入り，SCはL子さんの体の緊張をほぐすためのリラクセーショントレーニングを行いました。6月頃からは授業出席回数が増え，調子の悪い時は生徒ホールに行く，クラスメイトと無理に話を合わせないようにするなど，疲れない工夫ができるようになってきました。SSWよりSCに「学校でのL子さんの表情が和らいできた」と報告がありました。

　③第3期　1年経過後の半年間──登校が可能になり進路を考える時期
　9月に入り，L子さんは毎日登校できるようになりました。気持ちが落ち着いてきたところで，L子さんは過去の自分を振り返りました。「以前の私にとって，『クラスに入ること＝緊張すること』だった。今は，いかに力を抜いてクラスに入るかを考えている。中学の時みたいになるのが嫌で，人からどう思われるかばっかり気にし過ぎて疲れていた」。SCは，これからは自分の気持ちを大切にしながら人とつきあうことが大切と思うと伝え，L子さんも同意しました。

　10月，望ましい進路について考えるため，VPI職業興味検査を実施しました。その結果，人とかかわる仕事に興味・関心が高いことが明らかになり，L子さんは「大学で幼児教育を勉強したい」という自分の希望を確認しました。進路指導に関連する内容の検査であるため，SCはL子さんの了解を得たうえで担任に結果の情報開示を行いました。その後，L子さんは志望大学の幼児教育学科に無事合格，卒業も決まり，「Mさんと一緒に卒業できるのがうれしい」と，明るい表情を見せました。SCは大学で何か困った事があれば学生相談室を利用するように話し，カウンセリングは終結となりました。

（6）「ともに生きる」ための学校カウンセリング
　L子さんはいじめがきっかけで不登校を経験して以来，人のなかで自分の感

第5章 小さな単位制課程の意味のある取り組み

情を適切に表現することができませんでした。学校では成績も良く，一見友達づきあいも良いのですが，随分と無理をしていたようです。L子さんは腹痛を理由に学校を休むようになりますが，このような場合の腹痛は，こころのストレスが身体症状になって現れる病（心身症）です。L子さんは，カウンセリングを通して中学2年の時の体験を振り返り，単位制で頑張り過ぎていた自分の姿に気づき始めました。また，心理検査結果のフィードバックや自己主張トレーニングを通して，自分の性格を知り，自分の本当の思いをどのように人に伝えれば良いのか学んでいきました。

　L子さんは学校に戻り始めますが，最初の頃はやはり人中で気をつかい，疲れてしまいます。SCは，人物相関図を描いてL子さんと一緒に人間関係を整理し，緊張をほぐすためのリラクセーショントレーニングを取り入れながら対話を進めていきました。

　徐々に，L子さんは，単位制の環境を上手に活用しながら，自分のペースに合った登校を心がけるようになっていきました。登校が軌道に乗ってきたところで，職業興味検査の結果によって自分の希望を確認し，その後志望大学に合格しました。SCはL子さんの進学先の学生相談室の情報を伝え，カウンセリングは終結しました。

　人はひとりでは生きていけません。したがって，他者と「ともに生きる」ことは非常に大切なことであると思います。とりわけ，不登校を経験し，こころに傷を負った生徒たちが誰か信頼できる人と「ともに生きる」ことは，健やかな成長のためにも，必要なことであると思われます。ただ，彼らが自分自身に関する理解を深めることなく，他者と「ともに」時を過ごしたとしても，L子さんのように疲れてしまい，他者との溝が深まってしまうことがあるかもしれません。そうならないためにも，自分がどのような人に好意を感じ，どのような人を嫌だと感じるのか，どんな時に不快感や怒りを感じるのか，そのような感情をどう扱えば良いのか等，よく理解しておく必要があると思われます。

　とりわけ，自分自身の性格に関する気づきは必要であると考えています。単位制では，L子さんのように過去の人間関係の影響で不安感や恐怖感が強く，

173

過度に気をつかいながら自分らしくない振る舞いをして消耗してしまうケースが非常に多いのです。そのような場合は特に、クラスにおける自分のあり方を見つめなおす必要があります。SCの役割は、カウンセリングでじっくりと対話を重ね、必要に応じて様々な心理検査を用いながら、生徒が自分自身に関する気づきを得て、自己成長していくためのサポートを行うことであると考えています。

　まだ若い時期に不適応といわれる状況になっても、保護者を始めとして、教員やSSW、SCなど、たくさんのサポートをしてくれる大人が存在しています。しかし、社会人になってからだとそうはいかず、多くの場合は自分自身で医療機関やカウンセリング機関を探さなければなりません。そのように考えると、大人たちに守られている思春期に、自分自身についてじっくり考える時間をもつことができる生徒たちは、ある意味幸せかもしれません。そして、そのような若い時期にカウンセリングを通して得られた気づきは、その後の人生においても、何らかの形で役立っていくのではないでしょうか。その意味で、学校カウンセリングは生涯発達を援助する場であると考えています。いずれ生徒たちが思春期を経て、成人期になっても、他者と「ともに生きる」うえで役立つようなサポートをしていきたいと切に願いながら、これからも学校カウンセリングに励んでいきたいと考えています。

第3節　事例検討会の発足と実践

安藤敦子

（1）事例検討会の成り立ち

　私たちが事例検討会を始めたのは2005年です。1学年1クラス40名、家庭的な雰囲気が良さでもあった単位制が1学年2クラス80名に定員を変更した年でした。何もかもが手探りの状態でスタートした単位制でしたが、4年目には生徒数も100名を超え、5年目からは毎年80名を入学させることになりました。もう「手探り」という言い訳が通用しなくなり、様々な事例について経験も積

第5章　小さな単位制課程の意味のある取り組み

んできた教職員集団でしたが，経験則で対応して失敗する事例や，新しい課題を前にして方針が立たず結果的に「放置」してしまうことになった事例も出てきて，「期待はずれ」と学校を去っていく生徒や保護者を唇をかむ思いで見送ったこともありました。また，生徒増に伴い教職員も10名を超えると，それまでの家族的な意思疎通が困難になってきました。

「まずは，教員が勉強しなければ展望は開けない」ということになり，これまでも研修会や大学生のラーニングアシスタント（LA）派遣などでつながりがあった立命館大学の春日井敏之先生をスーパーバイザー（以下，SVと表記）として依頼することになりました。そして，毎月1回，単位制の教員10名余りが全員参加して，「事例検討会」という形でスタートすることになりました。といっても，何をどう「検討」するのか初めての経験です。そこで「方針が立たず，どうしたら良いかわからない」事例について，担任がプリント一枚に資料をまとめて報告し，みんなで意見を交換し，SVからもアドバイスを受けるという形に落ち着きました。SVからは，「この事例検討会は，参加者の専門性を生かしながら，対等な関係の下で行われるコンサルテーションの場にしましょう」という位置づけが強調されました。

（2）点の情報から面へ，そして立体の生徒像へ

事例検討会で報告することになると，担任は資料づくりに取りかかります。実は，この時点で問題の半分は解決しているといっても過言ではありません。なぜなら，ここでまず担任自身が，それまでかかわってきた自分自身の指導を振り返ることができるからです。また，高校入学前の情報や生徒を取り巻く親子関係や友達関係を文章化することで，これまでの経過が整理できます。記憶の糸をたどって，「あの時，あんなことを言ってたな」「そういえば，友達がいなかったな」など，漠然としていた風景がつながり出し，点だった情報が線から面になってきます。

月1回の事例検討会は，報告を1件に絞っています。初めに20分程度の報告を担任がします。SVから時には，「で，結局誰が一番困ってるの？」という

175

鋭いつっこみが入ることもあります。「困っていたけど，何も方針をもってこなかった……」などと反省している暇もなく，「担任は，生徒のこの発言にどう返していったらいいの？」などと返され，発達課題や具体的な取り組み方針などを参加者で考えていきます。

　毎月，報告者を決めていくにあたって立候補があればよいのですが，誰も報告したがらない場合はどうするのか，コーディネーターとしては悩みます。基本的には，依頼することになりますが，その場合，苦慮するのは報告すべき事例なのに担任にその認識が無い場合です。「困っているんじゃないの？」と聞いても「いいえ，方針は立っています」などと返されると，「私はよくわからないから，みんなの意見を聴いてみたいので報告してくれる？」とお願いすることになります。また，事態が深刻化してしまっていて，担任や学年団もあまりそこに触れたがらないような場合はさらに時間がかかります。「生徒本人はどう考えているの？」「担任としてどうしようと思っているの？」「何を目標に保護者を呼ぶの？」などと，私自身のかかわり不足が招いた結果だと再認識しながら，「今後もこういう事例があると思うので共有しておいたほうがいいと思う」と，困っている人を責めずに「どんな困難な事例もみんなで考える」スタンスを強調します。コーディネーターの役割は概ねここまでです。

　担任からの報告を聞いて，参加者がそれぞれの立場から発言します。単位制の副校長，副担任，パーソナルチューター（生徒が選んだ担任，副担任以外の第３の相談者），教科担当者，スクールソーシャルワーカー，スクールカウンセラーなどです。時には，担任の愚痴が語られることもあったり，担任が考えていたことと逆の見方が出されることなどもあり，担任としては揺れたり戸惑ったりすることもありますが，逆にほほえましいエピソードが出てきたりすると場が和みます。SVは，生徒理解につながる問いを発しながら，その場の議論をリードしたり，軌道修正したりして，報告者を励ましたりする役割を果たしてくれます。立場によって生徒とのかかわり具合も異なり，その目に映る生徒の姿も違うので，様々な角度から光を当てることで生徒像が立体化してくる瞬間です。そうすると，生徒理解に基づく取り組み方針が見えてくるのです。

（3）「効率」とは対極にある時間と空間

　事例検討会は学内で公開しており，単位制以外の教職員にも参加を呼びかけています。毎日忙しい学校現場で，たとえ月1回でも放課後に1時間半〜2時間の時間を確保することは至難の業です。目の前に差し迫った課題を一旦脇に置いて，2時間の議論に集中するのは，今の学校現場ではかなり勇気のいる行動なのです。それでも，会議を減らして，クラブ活動は我慢して時間確保に努めています。しかし，かつては「時間確保」などと肩肘を張らなくても職員室で子どもについての情報を共有していたのです。授業や掃除から帰ってきて，「あの子がこんなことをいった」「叱ったけど大丈夫かな？」などと，子どものことをみんなで語り合うのが職員室でした。教科指導やクラブ指導が中心の高校では自然発生的には生まれないそのような時間と空間を，事例検討会として意識的につくることを大切にしています。

　貴重な時間を有効に使いたいのですが，思うように議論が進まず方針が見えてこないこともあります。「ああでもない，こうでもない」と議論がかみ合わず，消化不良を起こすこともあります。「生徒を中心に」考えるというのは当たり前のようですが，いかに生徒とじっくり向き合う時間が学校のなかに保障されていないか痛感する時でもあります。同時に，子どもの教育を考える時に「効率」「成果」を性急に求めてはならないことも自覚するのです。

（4）教育観を変える事例検討会

　さて，事例検討会を続けるなかで，私たちの従来の教育観を変えた気づきについて，いくつか報告したいと思います。

①長所・短所を「強み」「課題」と置き換えてみる

　教師というのは，どうしても生徒の短所・悪いところに目が向きがちです。また短所はそう簡単には克服できないものです。発達上の課題であればなおさらです。克服のプロセスが見えないと「どうしようもない」「この子にはムリ」など諦めが先に立ち，無力感に苛まれることもあります。しかし短所を

「課題」ととらえることで成長の余地があるという見方ができるようになり，少しずつ成長できれば良いという余裕も生まれてきます。一方で教師は，生徒の「強み」である長所を口に出してほめることが苦手です。「できて当たり前」「優しくするとなめられる」など，今まで身につけてきた価値観を，時には崩すことが求められるのです。

②「人として」教師の願いを伝える
　中学校で教師不信，大人不信になった生徒は，「教師」としての上から目線の発言に対して過度に反応することがあります。授業中に周囲を巻き込んで騒ぐ，勝手に教室を出て行く，教師に暴言を吐くなど，「悪いこと」をして「指導」を受けます。しかし，「生徒の求めていること」と「教師が問題だと思っていること」にズレがあると，いつまでも指導が入らず緊張状態が続きます。その雰囲気に周囲の生徒が気をつかって疲れてしまう二次被害が出てくると，もう担任団としては「やってられない」という気持ちになります。「教師」としてのプライドも何も粉々にされてしまったのです。
　しかし，ここから本当の指導が始まるのです。「あなたは単位制に来て何がしたかったの？」「それで今はどう？　自分にできていることとできていないことは何？」「そのことをどう思っているの？」と問いかけていきます。「〜できなければダメ」「ルールを守れ」「迷惑をかけるな」という「指導」を受けて，それができずに傷ついてきた生徒たちの価値観を転換させるのは容易ではありません。しかし，トラブルをチャンスととらえ，教師は自分自身に「業務上の注意なのか，本気でその子の成長を願って注意しているのか」を問いながら「人としての願い」を伝えることになります。それはある意味しんどい仕事ですが，その誠実さを敏感に感じ取る生徒たちなのです。

③個別からグループ，そしてクラス全体の指導・支援へ
　学校は集団生活の場ですが，その集団生活になじめなかった経験をもつ子どもたちには個別の支援が必要です。しかし，個別の支援ばかりに気をとられて

いると，クラス集団全体がバラバラになります。授業で学力差が大きい生徒集団の場合，「どの学力層に照準を当てて授業していいかわからない」という不満が教師から出され，それに応える形で「習熟度別」という名で「できる」「できない」を振り分けて，教師にとって授業しやすくする方法があります（それが効果的な場合もありますが）。一方，生徒どうしの学び合いを取り入れて「学力差」を乗り越えさせる実践もあります。

　単位制の集団づくりは後者と共通する部分があります。個人差・個性が強い集団ですから，誰かに照準を合わせようとすれば，クラスを解体しなければなりません。それを乗り越えて，集団としてのまとまりをつくるには，個別指導と集団づくりを高い次元で統合しなければなりません。その時に，個人とクラスの中間である「グループ」という小集団を機能させることで，統合が図れることがあります。それが，仲良しグループであっても働きかけ次第で大きな役割を果たしてくれることがあります。そのグループを足がかりに，大きな集団へ入りやすくなることもあります。子どもにとって「友達」はなにより大切な存在なのです。

　④親も当事者として子どもにかかわってもらう
　事例検討会をする時に，その子どもの家庭状況について必ず報告があります。保護者が一番困っておられる場合もあれば，「ウチの子を何とか学校へ行けるようにしてほしい」「友達ができない子なので助けてやってほしい」などと要求されることもあります。すぐに対応できることもありますが，応えられないものもあります。大切なのは，保護者が子どもにとって一番身近な大人であり，学校や教師では肩代わりのできないかかわりができる立場にあるということです。保護者からの要求を学校が請け負って実現したり，「モンスターペアレント」扱いするのではなく，保護者と学校が手を結んで，作戦を立てて，家庭のなかで子どもにかかわってもらうことを事例検討会を通して学びました。そのためには，学校生活のなかでの本人の様子や課題，保護者の思い，家庭でのかかわり方などを丁寧に聴き取っておく必要があります。教師はその生徒に合っ

たかかわり（悩みを聴く，授業や行事に誘う，友達とつなぐ）を提案しながら，保護者には親としての試行錯誤をしてもらうよう提案します。試行錯誤にはエネルギーが必要です。これは教師も同じです。だからこそ，保護者が来校された時は，家庭でのかかわりをねぎらい，次にかかわるための見通しをもってもらうことを大切にします。そんな循環ができた時，結果として「学校へ行ける」ようになることも珍しくありません。

（5）若手のための「学校」としての事例検討会

　教師は採用されたその日から「先生」として教壇に立ちます。しかし，気になる生徒への臨機応変な対応については，大学では学んでいません。「私語を注意したら椅子を蹴って出て行ってしまった」「ゲームに熱中して昼夜逆転」「家を出たのに学校には登校していない」など，どうしたら良いのかわからないことばかりです。とりあえずは，「自分の頭で考える」しかありません。しかし，どう考えたら良いのかがわからない事例もたくさんあります。

　たとえば，若手のA先生は，話を聴いてほしがるのに聴くと「ウザイ」と暴言を吐く女子生徒Pさんに悩んでいました。生徒が表面的にいう言葉の「逆」が真意だという見方を学んで，時間をかけてその生徒と向き合おうという気持ちになっていきました。B先生は，Pさんの授業態度が悪いことに腹を立てて，「出ていけ」といってしまい関係が悪化していました。しかし，次に授業に来た時はダメなことをあっさり伝え，そこで決着をつけなくても良いという見方と対応ができるようになりました。1年半後，再度Pさんについて検討し，前回の事例検討会から心がけていたことや当時と変化した点を交流しました。「同じ失敗を繰り返しているような気がする」と落ち込むA先生に対して，「今度同じような事例に出会ったら試したい方法」をお互いに出し合って検討しました。

　経験の少ない若手教師や担任ひとりでは抱え切れない事例が多いなかで，専門家を含めたチームで多面的にとらえなおし，実践を積み重ねた上で，また振り返りながら基本となる「子ども観・教育観や教師・人間としてのあり方」を

土台から培う場が事例検討会であると考えています。

(6) 事例検討会の発展を目指して

　今後の事例検討会をさらに発展させていくために，いくつかの課題をあげてみたいと思います。まず1つ目は，長期的な視点で振り返り，検討結果を共有することです。「事例検討をしたけれど，上手くいかなかった」結果，「無理してやってもあまり得るものが無い」という結論になっては意味が無いからです。教育という営みはそう単純なものではないと謙虚になることが大切なのです。「事例検討会後の総括的な事例検討」が必要になっています。上手くいったことはなぜできたのか，失敗したことはなぜそうなったのか，何が不足していたのかを個人の責任ではなく，その場に参加した者全員で共有できれば良いと思います。

　2つ目は，「どうすれば登校できるようになるか」という"How to"ではなく，「その子が何を願い，何をしようとしているのか」をみんなで考える場にしていくことです。私たち教師はどうしても，目前の課題を解決したいと考えてしまいます。子どもの行動に悩む保護者も同じかもしれません。現在の苦しみから抜け出せる魔法の杖を探したくなります。しかし，その課題を解決しようとする過程が大切であって，すぐに答えは出なくても，ひとりの生徒，その子どもの背景にある父親・母親を理解する場にすることが求められています。

　3つ目は，複雑化する家庭や保護者への対応を学ぶことです。学校だけでは解決できない課題も増えてきています。発達障害への理解をはじめ，貧困，児童虐待，精神疾患など，現代社会のひずみが子どもたちに影響しており，「家庭の責任」だからと保護者にすべて返すことは最終的に切り捨てることになります。教師・保護者という立場を越えた人間理解の上に，学校を外の世界へ向かって開き，子どもの成長・発達のために各種機関と連携しながら，子どもの権利条約に謳われている「最善の利益」につながる方法を模索していくことが求められています。今後も事例検討会を，そのような場に発展させていきたいと考えています。

第4節　ラーニングアシスタント（LA）の実践

野本実希

（1）ラーニングアシスタント（LA）誕生の経緯

　単位制にラーニングアシスタント（Learning Assistant：以下，LAと表記）というボランティアスタッフが導入されたのは，2001年の単位制の設立と同時でした。これは，単位制の第1期生として入学する生徒の多くに不登校経験があり，人とかかわる場から離れていたり，集団生活に馴染みにくい時期を経た生徒が多かったことから，学校のなかに居場所をつくるためのスタッフを置こうという発想から生まれたものでした。

　ここでいう学校内の「居場所」というのは，評価の目に縛られることなく，個々人が本来の自分を出せる場所で，様々な人と出会いつながれる空間という意味です。教員は，好むと好まざるとにかかわらず，学校においては「評価の目」をもつ立場にあります。教員側が意識していなくても，生徒の視点に立つと，教員とはそのような存在であることは間違いありません。そういった教員との「縦の関係」でもなく，同級生同士の「横の関係」でもない，「ナナメの関係」を生徒と結ぶことのできる「若者」に入ってもらうことで，教員にはできない「居場所づくり」や「人間関係づくり」を補う。それがLA導入の意図でした。

　「ラーニングアシスタント」という名称は，「学習支援者」と直訳できますが，ここでいう「学習」は「教科学習＝勉強」という狭い意味だけではありません。生涯学習の視点に立った「学習」という意味で，学校生活のなかにある教科学習にとどまらない様々な「学び」を指しています。LAは，その「学び」をサポートする若者たちです。したがって，LAが活動する目的は「教員とは異なる立場としての生徒とのかかわりを通じて，生徒が自身の学校生活の幅を広げ，より充実した高校生活を送るためのサポートの一端を担う」ということになります。

そのため，LAの活動は生徒の勉強の補助がメインではなく，むしろ生徒の学校生活における悩みごとの相談相手や，日常の雑談相手になることなどが中心となっています。

（2）LA活動の実際

①LA活動に参加する若者たち

毎年，LAとして活動する若者は10名程度で，そのほとんどは大学生・大学院生です。学生たちは，大学のインターンシッププログラムや，インターネット上のボランティア募集告知等をきっかけとして，LA活動への参加を希望してきます。

LAのなかには，教職や臨床心理士を目指している学生も多く，参加動機は，「目指す職業に就く際に役立つ現場経験を求めて」というものが最も多いのです。他には，「自分の高校生時代の経験を生かして，今の高校生たちの力になりたい」や「大学での研究に即して，高校生の実態を知りたい」といった動機もあります。LA活動への参加を希望する若者は，LA活動に対して，「誰かの役に立つこと」や「自分の将来のための経験」を期待しているといえるでしょう。

②LA活動の日常

LA活動は，毎週月曜〜金曜のお昼頃から放課後までの5〜6時間の活動です。10名程度の学生でシフトを組み，毎日2〜3人がLAとして学校に来ています。

LAは，「生徒ホール」と呼ばれる教室で過ごすことがほとんどです。その教室は，生徒が自由に利用できる談話室的な居場所ですが，授業中には，クラスに入りにくい生徒や，疲れて休憩をとる生徒が利用しています。そういった生徒たちとかかわることがLAの日常の活動となります。

生徒に声をかけたり，話し相手になったり，放課後には生徒たちと輪になってトランプなどをしたりと，その時々によって，そこにいる生徒に応じてかか

わりの内容は異なります。時には，生徒から求められて一緒に授業に参加したり，定期テスト前などに勉強の手伝いをすることもあります。

③学校行事への参加

　単位制では，多彩な学校行事が行われます。それらにLAが参加を要請されることも多く，学園祭の準備に一緒に参加したり，ハイキングやカヌーを一緒に体験したり，年度末に行われる卒業生を送る会では，出し物をする時間を割り当てられていたりもします。

　そういった行事への参加は，普段かかわりの少ない生徒と触れ合えたり，教員とのかかわりをもつことのできる機会として位置づけられます。

④LA間の情報共有

　LAは曜日ごとに担当者が異なるため，同じLA活動に参加している学生同士でも，他の曜日のLAのことを知らないという状況も生まれてきます。そこで，月1回程度のミーティングを行っています。そこでは，報告や情報伝達よりもむしろ，各LAが気になっていることや生徒とのかかわりについての議論を大切にしています。「生徒ホール」を利用している生徒の気になる言動や，かかわりのなかで迷ったことなどが話題として出てくると，それに対して他のLAが意見を出し合う形で議論が進んでいきます。そこは，各LAが価値観の違いを認め合い，サポートし合う場となっています。

(3) LAと教員の連携

　同じ学校現場で生徒とかかわる教員とLAでも，両者の連携には難しい部分もあります。なぜなら，「指導」をする教員と，「生徒の身近なサポーター」であるLAとでは，生徒とかかわるスタンスが異なっているからです。たとえば，校則を遵守させることに関していえば，教員はそのために"指導"をし，生徒たちにルールは守るべきだと教えていきますが，LAは指導をする立場ではなく，あくまで自分自身の経験上からの"校則とのうまい付き合い方"を生徒に

伝えるといったかかわりをします。生徒から見ても，両者のスタンスの違いは明確で，だからこそ「先生に頼るべきこと」と「LA に相談すること」を分けている生徒は多数います。そのようなスタンスの違いがあるなかで，LA と教員の連携の形はどうあるべきでしょうか。

　LA と教員が近づきすぎて，生徒が「LA に話したことはすべて先生に筒抜けだ」というふうに感じてしまうと，生徒から見た LA と教員は同化してしまい，LA に相談する意味がなくなってしまいます。その一方で，LA が生徒をサポートできることにも限界があります。生徒が LA を頼ってきた場合でも，実際に力になれるのは教員や保護者である場合も少なくありません。そのような事例においては，生徒を早期に教員や保護者につなぐことが必要になってきます。

　そこで単位制では，スクールソーシャルワーカー（以下，SSW と表記）が教員でも LA でもない存在として，両者の橋渡しの役割を担っています。私は SSW として，両者が間接的に連携を取ることで「生徒にとって最も必要なサポート」をともに考える機会をつくる役割を担いたいと考えてきました。しかし，教員と LA が直接の接点はもたずとも，お互いの役割やかかわり方を尊重し合えるような雰囲気を単位制内につくるのは，なかなか難しいと感じています。教員にとって LA は"生徒の世話をしてくれている人たち"であり，LA にとって教員は"指示に従うべき相手"という認識があるからです。けれども，教員と LA がそのような上下の関係ではなく，お互いのかかわりの意味を実感し，それぞれのスタンスを尊重できてはじめて，立場の違うスタッフが学校に存在する意義があるはずです。そのためにも，私は橋渡し役として，教員の思いや方針を LA に伝えたり，LA が生徒とのかかわりのなかで見えてきたことや意見を教員に伝えることを心がけています。

（4）高校に学生ボランティアが入っていることの意味

　高校に学生ボランティアが入って活動することには，どのような意義があるのでしょうか。LA と生徒たちの関係性，そして LA として活動する学生たち

へのインタビューから，高校生と学生のそれぞれにとっての意義について考えてみます。

①高校生にとってのLAの存在意義
　高校生にとってLAの存在がもつ意味は，以下の3つの点にまとめられるのではないでしょうか。
　第1には，「先生でも生徒でもない」ということです。高校生は入学当初，LAのことを「先生」という呼称で呼ぶことがあります。学校のなかにいる大人は「先生」であるという意識が根づいているのだと思います。そのため，まずは「LAは先生ではない」ということを伝えることから，LAと生徒たちの関係は始まります。
　そうして，「先生ではない」ことが伝わった時，生徒たちは，先生や同級生には話せないことをLAに話し始めます。生徒たちは，先生だからこそ話せないことや，同級生だからこそ話せないことを抱えています。なかには，それらを限界まで溜めて，疲れて息切れしてしまったり，爆発してキレてしまう生徒もいます。けれど，それを溜める前に誰かに吐き出せることで，生徒たちはまた先生や同級生たちに向き合っていくことができるのではないでしょうか。
　生徒たちにとって，先生は「頼る」対象で，同級生は「対等に渡り合う」対象になりがちです。その中間点にいるLAは，「友達のようでいて，でも対等というわけではなく，大目に見てくれる」存在なのです。
　第2には，「誰かとつながるきっかけ」です。単位制には，人間関係構築の経験が乏しい生徒や，人間関係で傷ついた体験をしてきた生徒も多く，同級生とかかわることに苦手意識がある生徒もいます。高校生にとって「対等に渡り合う」対象である同級生と向き合うのは，エネルギーを要することです。そのエネルギーがまだ備わっていない生徒に対しては，まずはLAとのつながりをつくることを目標にすることがあります。LAとのつながりをつくれた経験が自信となり，同級生とのかかわりがもてるようになることもあります。
　"誰かを信頼できた" "誰かと関係を築くことができた" という経験は，他者

を信頼し，つながっていく力を身につけるための基盤になります。そういった意味で，高校生にとってLAの存在は，人間関係構築のきっかけであり，練習台にもなっているのです。

第3に，「等身大の将来像」であるということです。生徒とLAの間で，進路に関する話題がのぼることは多々あります。高校生にとって，大学生は身近にある将来像であり，その実態を目の当たりにすることで，自分の将来像を考えることにつながっていきます。高校生が大学生のLAを見て，「大学生なんてこんなもんか」と思ったり「大学生ってやっぱりすごいな」と感じたりすること自体がとても大切な経験なのです。

高校生が，「高校の次のステップに立った自分」に過大な理想をもちすぎて，実際にその場に立った時に，理想と現実のギャップに悩む場合もあります。また逆に，自分を過小評価しすぎて，「自分はとてもじゃないが高校を出たらやっていけない」と，しり込みしてしまう場合もあります。そのいずれも，高校生が実際の大学生を見て，現実の自分と照らし合わせる経験を積み重ねることによって，解消されていくと考えます。

その際に重要なのは，LAは高校生の「お手本」ではないということです。LAは高校生にとって，あくまでも身近な将来像の「見本（サンプル）」であればいいのです。高校生にとって，「良い見本」だと感じる像もあれば，「悪い見本」だと感じる像もあるでしょう。その「見本」が多種多様であればあるほど，高校生は自分に合った将来像を選択しながらイメージしていくことができます。したがって，「高校生にとって身近な将来像が，多様な価値観をもって存在している」ことも大切で，複数のLAが学校に存在する意義はそこにあるといえます。

②学生にとってのLA活動の意義

LAとして活動する学生たち自身にとってのLA活動の意義は，以下の3つの点にまとめられるのではないでしょうか。

第1には，「客観性をもった追体験」です。学生たちにLA活動の感想を聞

くと,「自分が経験した思春期のつらさや問題というものが,いろんな人にもあって,自分が経験したよりもつらい状況のなかで学校に来ている子もいることを知って,自分の受け皿が広がった」「大学に入ってからは,じっくり考えて悩むことをしなくなってしまった。けれど,高校生の時にいろいろ考えたことや悩んだことをやっぱり忘れたくないと思う」といった発言がありました。

　学生たちも,数年前には高校生という時期を経験しています。そして今度はLAという立場で,高校生たちが経験していることや考えていることを他者として見聞きすることになります。その時,学生たちは,自分自身の経験を客観的に見つめ,そこで得たものに改めて気づきます。高校生の時にはいろいろなことに悩み苦しんだ自分たちも,今は学生として,なんとか楽しみややりがいを見つけながら生活している。そのことへの気づきは,悩みや苦しみの渦中にある高校生たちの思いを受け入れる態勢を学生のなかにつくり出します。客観性をもって自分自身の経験を追体験することで,自分自身のなかに他者の経験を受け入れる余裕ができるのだと思います。

　第2には,「サポートすること・されることへの意識の高まり」です。LAといえども,初めて学校に来た時には「新参者」であり,最初のうちは「よそ者」感がぬぐえずに,新人LAは多かれ少なかれ肩身の狭さを感じます。そんな時,ある生徒が新人LAのところへ自ら寄っていって話しかけ,新人LAが救われたような表情をしている場面を目にすることがあります。LAを「高校生をサポートするボランティアスタッフ」として見ると,この場合,LAと高校生の立場は逆転しているように見えます。しかし,LAは高校生を「受け入れる,サポートする」側の立場に立っているばかりではありません。初めは,「受け入れられる,サポートされる」側の立場を経験するのです。そしてその経験は,「人をサポートすること,されること」を意識させ,自分自身の他者へのサポートのあり方を考えることにつながっていきます。

　ある学生は,「LAとして,生徒に対して一人の人としてかかわろうと思うようになった。だから,私自身の迷っている部分なども表現していこうと思うようになった」と語り,また別の学生は「人とのかかわり方を変えたいとは思

うけど，昔からのやり方があって今があると思うので，変えるのは難しい。だから，今自分がもっているものでやってみようかなと思うようになった」と話しました。学生たちはそれぞれ，自分がLAとして高校生とどのような接し方やサポートができるのかを模索していきます。そのことは，自分自身を見つめ，自分なりの他者とのかかわり方を身につけていくことにつながっていくのです。

　第3には，「LA活動を通じた学生自身の変化」です。高校生とのかかわりのなかで，学生たちは「自分が存在していることが他者へ影響を与えている」ことを自覚するようになり，他者とかかわることの責任の重さや，他者の役に立つことの手ごたえを感じていきます。「生徒のできることが少しずつでも増えるのを感じられるのがうれしい」と話した学生や，「生徒たちがいろんな生き方で生きている姿が好きだし，できるならその手助けになりたいと思う」と語った学生の言葉に，それが表われていると思います。

　また，学生たちは高校生たちと接し，高校生の様々な背景や個々の価値観に触れることで，自分自身の視野を広げていきます。「生徒の話を聞くことによって，他の価値観や他の人生もあるのだと思え，自分自身の受け入れる幅が広がった」とか「視野が広くなったかもしれない。生徒の見方と違うものを提供しないといけないと思うと，いろんなところから見ないといけないと思うようになった」といった学生たちの声からは，高校生とのかかわりのなかから気づくことや，得ることの多さを感じます。そして学生たちにとって，自分自身の変化や成長も，LA活動への意欲になっていきます。

第6章

単位制課程の実践から見える現代の教育課題

　単位制課程の実践から見えてくる現代の教育課題について，教育や子育てにおける普遍的な課題としてとらえ，4名の研究者が専門的な視点から問題提起をしています。具体的には，「青年期の課題と不登校支援（高垣忠一郎氏）」「発達障害をもつ不登校生徒への理解と支援（楠凡之氏）」「保護者との協働と不登校支援（春日井敏之氏）」「不登校とSSW・SCの取り組み（野田正人氏）」というテーマが取り上げられています。たとえば，高垣忠一郎氏は，不登校生徒への支援について，①調子の悪くなったクルマをなおすような仕事ではない，②自己否定の思いにとらわれた心からの解放，③自分と向き合い，自分を語れる場の大切さの3点を強調しています。

　ここで述べられている各研究者の提言は，これからの不登校支援を考えるにあたって，教師だけでなく，保護者や専門機関の方々にも参考にしていただける内容となっています。

第6章　単位制課程の実践から見える現代の教育課題

第1節　青年期の課題と不登校支援

高垣忠一郎

（1）「第2の誕生」の時

　青年期の前期にあたる思春期は「第2の誕生」の時ともいわれます。子ども時代に「さようなら」をし，大人に向かう新たな自分を生み出していくための「生みの苦しみ」が始まる時です。21世紀の平成の世の日本にこの母とこの父の間に生まれることを，自ら選んで生まれてきた子どもはおそらく誰もいないでしょう。吉野弘氏の「I was born」の詩ではありませんが，みんな偶然，受け身に生を与えられるのです。その受け身に与えられた生を「これこそ私の人生だ」と引き受けることのできるような生へと選びなおしていくのが青年期なのです。

　明治や江戸の時代でも思春期になれば，そうなりたいと祈ったわけでもないのに女子だと月経が始まり乳房が膨らんでくるし，男子だと男性ホルモンの分泌が盛んになり声変わりをし，性に目覚めます。その点では昔も今も変わりはありません。しかし，昔の子どもたちが「第2の誕生」の時と呼ぶにふさわしい思春期・青年期を過ごすことができたかといえば，そうではないでしょう。

　昔は生まれや血筋，家柄によって生き方が決められていました。どう生きていくのかを考える余地もないほどに，土地や貧困に縛られていました。しかし，今の子どもたちはそのような制約や縛りから解放され，曲がりなりにも自分で自分の人生を選べるほどには民主化された時代と産業・文化の発展した豊かな社会のなかで生きています。だからこそ，どう生きていくのかをめぐって迷い悩み，「第2の誕生」の生みの苦しみを味わえるようになっているのです。

　しかし，他方でその時代と社会は「第2の誕生」の苦しみを「難産」の苦しみにするような困難をも今日の子どもたちに与えています。一言でいえば，「競争」と「管理」のせまい「産道」をくぐり抜けて「第2の誕生」を達成していかなければならないからです。その「難産」の苦しみが，不登校やひきこ

もりをはじめとする様々な「問題」として，思春期・青年期の子どもや若者たちのなかに噴出しているのです。

　中学時代からの不登校とその後のひきこもりを経験した上山和樹氏は，その著書のなかで次のように述べています。「僕は，自分の意志でこの世に生まれてきたのではない。気がついたら，『ここにいた』。まわりに，得体の知れない世界，いつの間にか成立していた，＜自分＞というもの。引き受けようと，努力した。『与えられた自分』を『自分で選び取った自分』に転化させようとして失敗し，途方に暮れてしまったのがあの状態だった……」[*1]。彼の経験した不登校・ひきこもりは，まさに「第２の誕生」が「難産」になった苦しみの現れだったと私は理解しています。

(２) 青年期の課題と危機
　大人としての自立に向かう変身の時期である青年期には，様々な課題があります。性的な目覚めを伴う急激な体の変化が生じ，青年は変貌する体を自己のものとして受け入れ，新たな自己像へと統合しなければなりません。また，進学や就職の問題をめぐって人生の岐路に立ち，自己の能力や可能性を確かめ，自主的な判断や選択をする力を試されます。子ども時代に形成した自我を基盤にして，同年代の子どもとの絆を強めることをテコにして親からの心理的自立を行い，一人前の成人として働き，愛することのできる自我を確立しなければなりません。

　まさに青年期はそれまでに経験したことがないほどに，自立のための重大な課題が一気に降りかかってくる時期です。この自立を達成することは，人格の面でいえばこれまでの子どもの自我を再体制化し，成人の自立的な自我を確立することです。それはあたかも建物の増改築を行う大仕事に似ています。増改築の過程でその建物の弱点が露わになることがあるように青年期にはそれまでの人格形成の過程において未解決のまま残されていた矛盾や問題点が露わにな

＊1　上山和樹『「ひきこもり」だった僕から』講談社，2001年

ることがしばしばあります。

　すなわち，青年期にはそれまで経験したことがない青年期特有の新たな課題に直面するばかりでなく，それまでの人格形成の歴史のなかで積み残されていた課題や未解決の矛盾にもう一度直面させられるのです。そういう意味で青年期はそれまでの人格発達の「試金石」の時ということもできます。このような意味において，青年期は個々の子どもの人格発達の過程における大きな節目であり，一層の飛躍的な発達の可能性とともに，退行や崩壊に至る可能性をも秘めた「分岐点」(crisis)という意味で，まさに「危機」なのです。

　このような危機における葛藤や挫折の表現として，青年は様々な悩みや不安，動揺を経験するばかりでなく，種々の精神的・心理的な面での問題や症状を出現させやすいのです。だから，青年期における精神衛生が特別な意義をもつことになるのです。しかし，青年期の精神的健康とはたんに精神的疾患にかからないことを意味するわけではありません。固定的に考えられた家庭や学校の枠のなかでの適応や「心の安定」を意味するのでもありません。多少の悩みや不安，動揺はあっても，それを契機としてさらに一層発達した人格形成を目指す生き生きとした姿こそ，精神の健康さを表すものでしょう。

　青年の悩みや不安が，性的衝動のめばえや親からの自立，人生の岐路に立って迫られる選択など，解決を要求される諸課題に直面することによって内的に生ずる矛盾の激化，すなわち危機の表現であるならば，その悩みや不安は対症療法的に取り除けば良いというものではなく，一層の人格発達を実現することによって，その矛盾を克服するというやり方で解決されるべきものです。

　青年期の精神的な問題を解決するための支援や援助の役割は，その精神的・心理的な問題によって表現されている彼や彼女の人格発達上の危機の中味をしっかりと把握し，彼らがその危機を自ら乗り越え，より一層自立した自由な人格を形成できるように手助けすることにあります。

(3)「不登校問題」の歴史的位置

　不登校の事例は1950年代の後半に出現し始めましたが，文部科学省（旧文部

省）がその統計的な推移を調べ始めた1966年度までの統計的な数値は明確ではありません。しかし，おそらく50年代後半から70年代半ばにかけての高度経済成長の時代に不登校は増加してきたのだと思われます。1966年から1970年半ばまではやや減少気味であった不登校が一転，急増し始めたのが1970年代半ば以降です。右肩上がりの高度経済成長が1973年のオイルショックによって終わりを告げ，世の中は不況・低成長の時代に入った時期です。

その時代の大きな流れを不登校問題とかかわらせて描くならば，石炭から石油への「エネルギー革命」，さらには石油ショックを口実に石油から原子力発電へと経済成長を走らせるエネルギー政策がとられてきました。ちなみに今回事故を起こした福島第1原発は，1号機が1967年に着工され，6基の原発が営業運転を始めたのが1971年から1979年にかけてでした。それはまさに不登校が急増し始めた時期と重なります。

また，一方その経済成長を支える「人材」の養成は財界によって教育に付託されたのです。1963年の経済審議会答申「経済発展における人的能力開発の課題と対策」は3～5パーセントのハイタレントと，それ以外の中級技術者，技能者，労働者の養成を計画的，組織的に行うことを学校教育に要請するものでした。そういう政策的背景から，教育費を経済成長に資するべき投資と見る「教育投資論」の考え方が生まれ「能力主義教育」と呼ばれる教育の路線が敷かれてきたのです。[*2]

その路線の上に，1973年のオイルショックを契機とした不況は日本社会の企業競争と労働者に対する各種の締めつけを激化させ，その煽りをうけて教育の分野では「受験フィーバー」といわれる受験競争の時代が始まりました。「偏差値教育」という言葉が拡がったのもその頃であり，「塾通い」が増え家計に占める「教育費」の割合が高くなっていったのもその頃です。それと軌を一にするように，「登校拒否（不登校）」と呼ばれる子どもたちの数が急増し始め，それが社会問題となっていきました。ついでに指摘しておくと，労働者の「過

---

*2　詳しくは，高垣忠一郎『3・11生みの苦しみによりそって──原発震災と登校拒否』かもがわ出版，2012年を参照。

労死」が増え始めたのも同じ頃です。「企業戦士」と「受験戦士」の姿がぴたりと重なる時代が続いたのです。その後も，不登校の数は増え続け，最近では小・中学校の児童生徒の不登校は12万人前後を維持しています。

　それに加えて，今日はバブル経済がはじけた1990年代以降，終身雇用・年功序列賃金制の「日本的経営」が成り立たなくなり，1995年の日経連の文書「新時代の日本的経営」によって拍車をかけられた「非正規雇用」が急増しています。つまり一括正規雇用の採用慣習が弱まり，学校から企業へのパイプが細くなり，頑張って学校を卒業してもまともな仕事に就けないという状況が生まれたのです。そのことによって思春期・青年期の子どもや若者たちの将来への見通しの不安定さや就学意欲の低下をもたらすという新たな事態が生じていることも「不登校問題」のバックグラウンドとして見過ごすことのできないことです。

　こうした高度経済成長期以来の日本の経済・教育をめぐるバックグラウンドが，学校教育における「競争」と「管理」を強め，学校を子どもたちにとって息苦しい場にしてきたことは否めません。またそのことが，思春期・青年期の「第2の誕生」の「生みの苦しみ」に新たな様相を加えていることを，しっかりと見ておかなければならないでしょう。

（4）不登校生徒への支援

　先に述べたような歴史的・社会的な舞台の上に，受け身に与えられた生を自らの生へと選びなおし人生の主人公へと「第2の誕生」をとげていくことの可能性と苦難を，今日の子どもや若者たちは経験しているのです。彼らを支援する人間は，そのことをよく理解しておかなければなりません。そして，彼らがあらわす「問題」や「症状」は，悪戦苦闘の「生みの苦しみ」の表現なのであり，それへの支援はその「生みの苦しみ」を新たな自我（自己）の誕生へと手助けする「産婆」のような仕事なのだということをよく心得ておかねばならないでしょう。

　最後に，そのような立場に立っての支援を学校現場で実現しようとすればど

のようなことが大切かということに焦点をあてて，考えられることを述べてみたいと思います。

①調子の悪くなったクルマをなおすような仕事ではない

「第2の誕生」を支援する仕事は，調子の悪くなったクルマをなおすような仕事ではありません。調子の悪くなったクルマを私がなおす場合，なおす主体は私であり，クルマはなおされる受け身の客体でしかありません。しかし，不登校を「第2の誕生」に向けて解決する主体は，不登校の当事者である子どもや若者自身です。援助者は脇からそれを手助けできるだけです。そして，その援助の営みが依拠すべきは「生きもの」として彼らが与えられている「いのちの働き」である「自己回復力」です。それを活性化するように援助することが支援の最も大事な点です。

不登校の子どもをもつある父親は「宇宙船を飛ばして月に着陸させられる時代に，子どもひとりうまく学校に送り込むことができないのか」といいました。科学技術のもたらす万能感に陥った人間が，機械を操作して動かすように子どもも操作して意図通りに動かすことができると錯覚しても不思議ではありません。しかし，子どもは宇宙船のような機械ではないのです。生きものなのです。

生きものは生きものとして扱わなければなりません。病気を治すのは医者ではありません。患者自身が天から与えられた「いのちの働き」である「自然治癒力」や「免疫力」を働かせて病気を治すのです。医者はメスや薬によってそれを手助けできるだけです。そのことを忘れた援助は，「俺が治してやる」と迫っていって，子どもを一層つらいところに追い込みかねないのです。

②自己否定の思いにとらわれた心からの解放

しかし，その自己回復力にダメージを与えるものがあります。それは「自己否定」の思いにとらわれた彼ら自身の心です。「みんなあたりまえに登校しているのに，自分だけ登校できない，ダメな奴だ，情けない自分だ」「親や先生の期待を裏切って申し訳ない。こんな自分は消えたほうがましだ」と自分を責

め，けなし，嫌い，否定する。その「自己否定」は，「自分にはこういうダメなところがある」という部分否定にとどまりません。「こんなダメな奴は消えたほうがいい」という存在否定にまで至ります。

「不登校」は，彼らの部分的な一時的な特徴でしかありません。なのになぜ存在そのものまで否定するのでしょうか。日本の子どもたちは成績が悪いと，人格そのものまで否定されるように感じるところがあります。それはおそらく明治以来，各種の試験を繰り返し，その成績の順に氏名と点数を貼り出したり成績によって座る席次を変えたりするような露骨なやり方で，子どもを競争に駆り立ててきた学校教育のあり方に問題があると思われます。そのことによって子どもの人格そのものを辱めてきた日本の教育の悪弊がもたらすものでしょう。

と同時に今日学校教育の目指すものが企業社会で「売り物・使い物」になる人材の養成に傾き，それに過剰に適応した子どもたちが自らを「人材」と同一視するようになった結果でもあると考えられます。「人材」とは「道具」であり「手段」です。コップが割れて水を容れるという機能を失えば，「役立たず」としてその存在そのものが否定されます。それと同様に人材（道具）と化した人間は人材（道具）としての自らの機能に「欠陥」があれば，その存在価値そのものがないかのように錯覚しても不思議ではないのです。

そういう彼らがまず回復しなければならないのは，自らが生きものであり，一個の人間主体であるということを自覚することです。そして，自己の存在をまるごと「あるがまま」に承認し肯定する「自分が自分であって大丈夫」という自己肯定感をもつことです。そのためには，学校のなかにそういう存在まるごとが承認される「居場所」がつくれるかどうかがまず問われます。それが可能になるためには，学校が「人材」養成に一面化した教育の場から，教育基本法にうたう「人格の完成」を目的とする教育の場へと自己変革していくことを抜きにしては，おそらく不可能でしょう。

③自分と向き合い，自分を語れる場の大切さ

　存在まるごとが承認されるような安心感が確保されると，少しずつではありますが自分を語れるようになります。自分が今どんなことを感じ，何を思っているのか。それを表現しそのことを共感的に受け止められ，大切にされる時，彼らは自分自身への理解を深め新たな自己像を獲得していくことができます。また苦しいことを他者に「話す」ことによって，彼らはその苦しみを「手放し」自分から少し「離し」て冷静に見つめてみることができるようになるのです。

　今の子どもたちは，自分が周囲から浮かないように「空気」を読み，気をつかいながらやり取りするタイプのコミュニケーション能力には非常に優れています。しかし，自分の気持ちや想いを他者に語り，一緒に考えてもらうような経験が実に乏しいのです。お互いの思いや気持ちを率直に表現し合い，相互の思いや気持ちを交流しながら，お互いを鏡にしてともに考える意味での真のコミュニケーションの経験が乏しいのです。

　だから，しばしば否定的なそして視野狭窄的な「思い込み」にとらわれ自縄自縛に陥っているのです。そこから自らを解放することを手伝える教師やカウンセラー，友人仲間の援助が必要です。そこで学校での教師やボランティア，友人仲間を含めた人間関係が試されるのです。そういう他者の手を借りて視点を変えて自分をとらえなおしてみることによって，解決の方向が見えてきます。そのような視点を変えてものごとを見る力，「自分の考えについてさらに考えなおしてみる」(「反省的思考」)力を伸ばすことは，思春期・青年期の発達の極めて重要な課題でもあり，それは困難の山積みする人生を生きぬいて，社会的に自立していくうえでとても大切な力なのです。

第2節　発達障害をもつ不登校生徒への理解と支援

楠　凡之

　近年，不登校状況に追い込まれている生徒の3割程度には発達障害の問題があることが指摘されています。しかも，そのうちの半数以上は未診断であり，

不登校やうつ状態になってから心療内科や精神科クリニックにかかって初めて，発達障害の問題が指摘される場合も少なくありません。

　ここでは，発達障害のなかでも，なかなか周囲からは理解されにくく，また，対人関係でのトラブルやいじめなどから不登校に追い詰められることが少なくない自閉症スペクトラム障害の問題を中心にしながら，その理解と援助の問題を考えていきたいと思います。

（1）自閉症スペクトラム障害について
　①自閉症スペクトラム障害の発達特性について
　自閉症スペクトラム障害（Autism Spectrum Disorder：以下，ASDと表記）とは，「対人的コミュニケーションおよび，対人的相互交流の障害」と「行動，興味，および活動の限局された反復的な様式」を特徴とする発達障害の1つであり，重度の知的障害を伴う場合から，むしろ極めて高い知的能力を示す場合まで，1つのスペクトラム（連続体）を構成しています。ASDは通常の場合，1歳6か月児健診や3歳児健診などで言葉や社会性の遅れを指摘されることが多いのですが，知的障害を伴っていないASD児の場合，多少は「気になる子ども」ではあっても，健診などでも見過ごされ，まったくフォローを受けることなく思春期にまで至る場合も少なくありません。

　ここではまず，そのようなASDの特徴をいくつか紹介したいと思います。
【対人的コミュニケーション，対人的相互交流の障害】
　ASDの生徒の場合，相互的なコミュニケーションが困難です。相手からどう受け止められているのかをまったく考えないまま自分の思いを一方的に話し続ける生徒もいれば，逆に，自分の意思をまったく表現できずにニコニコ笑いながら相手に一方的に合わせる生徒もいますが，いずれにしても，他者との相互的な関係を築いていくことが困難なのです。

　また，非言語的コミュニケーションが苦手であり，言外のニュアンスが伝わらず，「字義通りの解釈」をしてトラブルになることもあります。たとえば，「多目的ホールのソファで寝てはいけない」というルールを字義通りに解釈し

て，多目的ホールのソファではなく，床で寝てしまう，などの問題も生じてきます。

【行動，興味，および活動の限局された反復的な様式】

いわゆる「こだわりの強さ」「想像力の障害」のことです。

こだわりはモノへのこだわり，特定の他者ややり方へのこだわりなど，多様な形で現れてきます。ASDの生徒のなかにはそのこだわりと抜群の機械的記憶力の良さを生かして，IT関係やゲーム，芸能人情報などに非常に詳しく，仲間集団から一目置かれる場合もありますが，その一方で，周囲からそのこだわりが奇異に受け止められて，いじめや排除のターゲットにされる場合も少なくありません。

【ASDのその他の特徴】

• 感覚過敏，感覚の鈍麻

「化繊の服を着ると針金で突き刺されたように痛みを感じる」（触覚過敏），「蛍光灯のチカチカが我慢できない」（視覚過敏），「教室でのわずかな生徒の話し声が我慢できない」（聴覚過敏）などの感覚過敏の問題は多くのASDの生徒に見られる問題です。そして，この感覚過敏の問題によって，たとえば，教室空間にいることが過度に苦痛になり，学校に行きづらくなる場合も少なくありません。

• 「心の理論」の障害

「心の理論」とは，一言でいえば，自分とは異なる他者の見え方，感じ方，感情などを理解する能力のことです。ASD児の場合，「心の理論」の獲得が大幅に遅れるとされており，また，獲得された場合でも，いじめの被害体験などがあると相手の思いを誤って解釈してしまう場合も少なくありません。

• 実行機能の障害──「見通し」を築いていく力の弱さ

実行機能の障害とは，自分の行為を計画（プラン），実行，監視（モニター），修正する心理機能の脆弱さを意味しています。したがって，学習が当初のプラン通りにいかなかったり，体育祭の参加種目が急に変更になったりした場合などには混乱してパニック状態になることも多いです。しかし，周囲からは本人

の不安や混乱は理解されず，「わがままな生徒」という見方をされてしまうこともしばしばあります。

• 全体知覚の困難さ，状況判断の困難さ

　部分と全体との関係をとらえることが困難であり，どこが重要でどこが些末なことかがわからないということがあります。そのために，授業でも教師の意図と違う部分にこだわって発言して授業妨害ととられてしまうこともあります。また，グループでの話し合いなども，多くのところから声が聞こえてくる状況では，必要な声だけを聞き取ることが困難なため，ほとんど話し合いに参加できないこともしばしばです。

• 同時遂行の困難さ

　複数の課題に並行して取り組むことが困難であり，1つのことに意識がいくと，他のことにはまったく意識がいかなくなってしまいます。また，1つの課題をしていても，その間に別の課題が入ってくると混乱してしまい，結果として最初の課題が中断したままで終わってしまうこともあります。

• タイムスリップ

　過去のできごとをあたかも今起こったことのように思い出してしまい，いつまでも忘れることができないことがあります。そのために，過去のできごとによって喚起された感情に突き動かされて不適切な行動をしてしまう事態も生じてきます。

• 二分法的（all or nothing）な思考の強さ

　人間関係のとらえ方が相手よりも「強いか，弱いか」「上か下か」「好きか，嫌いか」という二分的なとらえ方になってしまう傾向もあります。また，活動の評価でも，「できる，できない」の二分的なとらえ方が強く，少しでも不完全さがあると一気に「できない」になってしまい，課題を投げ出してしまうこともしばしばです。

• 独特の論理的思考

　たとえば，「授業でうるさい奴らが自分を苦しめている。奴らにクラスが支配され，崩壊しかかっている」「自分が今苦しんでいるのはすべて小学校の時

のT先生のせいだ」というように，周囲から見ればやや極端な論理を主張したり，周囲には了解が困難な形での推論を行ってしまったりすることもあります。

②思春期のASDの生徒がしばしば示す問題事象
・仲間集団内での不適応状況の深刻化
　思春期になると，ASDの生徒にも次第に同年代の仲間から受け入れられたい，認められたいという欲求が強まってきますが，社会的判断のミスやコミュニケーションの障害のために，時には社会的問題を起こしてしまう時があることも指摘されています（服巻，2011）。[*3] たとえば，異性への興味関心を適切に表現できず，結果的にセクハラやストーカー的な行為になってしまうこともあります。
・被害的認知とフラッシュバック
　特に不快な感情になっている場面では過去の嫌だった体験がフラッシュバックしがちであり，そのことが特定の相手とのトラブルの原因になったり，衝動的な事件の引き金になってしまったりすることも生じてきます。
・不登校，ひきこもり
　ASDの生徒の場合，とりわけ小学校高学年から中学校にかけて，いじめやトラブルから生じる被害的認知が強まって登校できなくなったり，友人関係を求める気持ちが弱く，学校へ行くこと自体への興味・関心を失って不登校になることが多く見られます。

(2) 思春期のASDの生徒への自立支援の課題
　①新しい環境に適応しやすいように環境調整をしていくこと
　服巻（2011）[*4] は思春期にASDの子どもが直面する困難さとして，まず，「進学によって引き起こされる，実行機能の働きを上回る情報量の処理不全」をあげています。

＊3　服巻智子「思春期とアスペルガー症候群」『そだちの科学』第17巻，2011年，p.64.
＊4　同上。

そして脳内の情報処理の違いにより，自分を取り巻く環境内の情報量の急激な増加（教科数の増加，教科担任制，部活，クラス運営の方略の違いなど）が彼らの脳内の情報処理への負荷となり，環境の変化への対応を困難にすることを指摘しています。このような急激に変化する環境への適応障害が不登校という形で現れてくるだけに，ASDの生徒にとって何が負荷になっているのかを的確に理解し，安全感と見通しがもてる学習・生活環境を整えていくことは必要不可欠な課題です。

　また，アメリカの自閉症児教育の研究者であるブレンダらは「アスペルガーの生徒は，自分自身の気持ちに気づかないことが多く，その結果，不安，フラストレーション，怒り，憂鬱といった感情は危険なレベルに達するまで伝えることができません。そのため，教師や親はストレスや不安が始まる兆候行動にはすぐに気づくように心得ておくことが必要です」と述べており，「手で髪の毛をとかす」「身体を前後に揺する」「独り言の増加」などから生徒の不安やストレス状況を理解することの重要性を指摘しています（ブレンダ＆ダイアン，2006）[*5]。

　ブレンダは，「環境に存在するストレス因子を特定する」（「スケジュールの変更」「授業構造の変化（個別学習からグループ学習への変化など）」「いじめやからかいの増加」など），「環境をもっと予測できるものにしてホームベースの使用を増やすこと」[*6]などを課題としてあげています。これらの配慮を行っていくことが不登校を体験してきた生徒が再び不登校状態に追い込まれることを予防する力になっていくのです。

②自分の発達特性を理解したうえでの自己受容への援助を
　思春期のASDの生徒のなかには，自分が学校の同級生とは違うことに気づ

[*5]　ブレンダ・スミス・マイルズ＆ダイアン・エイドリアン，吉野邦夫（監訳），萩原拓・テーラー幸恵（訳）『アスペルガー症候群への支援——思春期編』東京書籍，2006年，pp.136-139.
[*6]　ホームベースとは，「落ち着いてその日の計画を立てたり，復習する場」「ストレスのかかる環境から逃れて，セルフコントロールを取り戻し，パニックを予防する場」「パニックを起こした時に自分自身を取り戻す場」などの役割を果たす場のことを指す。

き始め，そのことで不安定な精神状態になる生徒も少なくないだけに，自分の発達特性をありのままに理解，受容しつつ，そこから自分の将来展望を育んでいくことが重要な課題になってきます。しかし，ASD の生徒には，"all or nothing" の思考が強く，「ぼくなんか生まれてこなければ良かったんだ」というような極端な思考に一気にいってしまい，自暴自棄になって不適切な行動に出ることもしばしばです。それだけに，そのような発達特性をもった自分が生きていていいんだ，他者から受け入れられているんだと感じられるように援助していくことが重要です。また，そのためにも，日々の生活のなかで ASD の生徒が具体的な課題を通じて達成感や自己効力感を育んでいけるように援助していくことが大切になってくるのです。

　また，自分の発達特性を受容し，自らの将来への見通しや希望を築いていくうえで，ASD 当事者の自己形成モデルの存在は重要でしょう。そのような自己形成モデルとの出会いがあることが，自分の発達特性をありのままに受容しつつ，将来への希望を育んでいく力にもなっていくのです。また，可能であれば，ASD 当事者の自助グループ活動のように，同じ障害や発達特性をもつ子ども・青年どうしが出会える場の保障なども検討していく必要があるでしょう。

③自他の相互理解への援助を

　思春期の ASD の生徒の場合，これまでの体験から対人関係での被害的な認知が築かれており，仲間集団のなかでのトラブルをありのままに理解することが困難な場合も少なくありません。それだけに，まず，ASD の生徒から見た時の見え方，感じ方を丁寧に聴きとって共感的に理解したうえで，相手の思いも理解できるように援助していくことが重要でしょう。また，その際には紙やホワイトボードに図を描くなど，視覚的に外在化して両者の思いや関係をとらえることができるように援助していくことも大切です。そのようにして，両方の思いを目に見えるかたちにしていくことが，対人関係の相互理解につながっていくと考えます。

（3）保護者との協働に向けての課題
①保護者のこれまでの苦悩や葛藤への共感的理解と障害受容への援助を
　ASDの生徒の保護者の心身の負担は極めて大きいだけに，まずは，保護者のこれまでの様々な体験とそのなかでの感情や葛藤を共感的に聴き取り，保護者との信頼関係を築いていくことが大切です。

　また，これまでの否定的な体験が影響して，学校への強い怒りや不信感が保護者のなかにあり，わが子の問題には向き合わず，学校批判に終始する場合もありますが，最初は学校批判を繰り返していた保護者との信頼関係ができてくると，保護者の最も深い苦悩や葛藤が表現されるようになり，教師と保護者との信頼関係がより確かなものになっていく場合もあります。

　また，知的障害を伴っていないASDの生徒の場合，保護者が子どもの現実を受け入れることが困難である場合もありますが，保護者のこれまでの苦労や葛藤をまず十分に受け止めたうえで，信頼関係ができてきたと判断できれば，「どのような援助やかかわりをしていくことが，この子にとって一番良いのかを一緒に考えていきたい」というこちらの願いを語っていきながら，相談・医療機関の受診をすすめていくことも重要になってきます。もちろん，保護者がすぐには承諾しない場合もありますが，実践を通じて生徒の肯定的な部分を引き出し，そこを保護者に伝えていくことを通じて子育てへの見通しをもてるように援助していくことも重要でしょう。

②保護者にも発達障害の問題がある場合の対応
　保護者にも発達障害の問題がある場合，わが子への愛情はあっても，どのようなかかわり方がわが子にとっての「最善の利益」につながるのか，適切な判断は困難であり，結果として不適切な養育になってしまう場合があります。しかし，その場合でも，保護者の思いをまずは共感的に受け止め，「この先生は自分の思いをわかろうとしてくれている」という信頼感を築いていくことは，「わが子の最善の利益」を一緒に考えていくための前提条件でしょう。

　また，保護者の発達特性を適切に理解したかかわりも求められます。たとえ

ば，口頭で婉曲的にこちらの思いや意見を述べても話の内容が伝わらなかったり，逆に，保護者がポイントを押さえた話ができないため，話を聞いていても保護者が何を言いたいのかよくわからないこともあります。それだけに，こちらが伝えたいことは箇条書きにして，紙に書いて伝える，話を聞く時も，「会議があるので，今から30分でお願いします」というように明確な限界設定をする，また，学校側が実行できることと困難なことを紙に書いて明確に示す，などの対応の工夫が求められてくるでしょう。

　以上，いくつかの観点からASDの生徒に対する理解と支援の課題について述べてきました。しかし，最も基本となることは，ASDの生徒から見た時の見え方，感じ方を共感的に理解することでしょう。
　「自分の見え方，感じ方をこの人は理解してくれている」と感じられることは，ASDの生徒がもう一度他者や世界，そして，自分自身への信頼感を取り戻していくための，そして，自分の人生への見通しと希望を育んでいくための出発点となるものなのです。

第3節　保護者との協働と不登校支援

春日井敏之

（1）第1の誕生から第2の誕生へ——社会とつながって自分を生きる

　すべての子どもは，かけがえのないいのちと幸せになる権利をもってこの世に誕生します。しかし，自分の意思で時代や場所を選択して生まれてきたわけではありません。このように，「第1の誕生」は受け身であり，与えられたいのちは，家族や周囲の援助がなければ危うい存在です。そんな危うい誕生をした子どもが，生きて成長できるのはなぜでしょうか。子どもたちは，あまり意識していないかもしれませんが，自らがもって生まれた「いのちの働き」と家族や周囲の人々の「お世話（援助）」があったからに他なりません。子どもたちは，家族に「迷惑をかけた」のではなく，「お世話」になってきたのです。

家族は，子どもにとって良かれと思い，様々なレールを敷きながら子どもを育てています。その正当性の根拠は，「子どものいのちと権利・利益を守る」ことにあり，その限りで「守りの枠」としての意味をもちます。子どものいのちと権利・利益を侵害するようなかかわり方は，家庭においては虐待問題であり，学校においては管理主義教育・体罰問題となります。

　また，家族や周囲の人々の「お世話」になりながら育ってくるなかで，子どもたちの心には，「できることで，誰かを助けたい」「誰かのために役に立ちたい」といった人間としての素朴な願いが，育っていくのではないでしょうか。こうした人間的な願いがうまく育たず機能していないとすれば，どこに問題が潜んでいるのでしょうか。ここに迫ることが，困難を抱えている子ども理解を深め，取り組み方針を確かなものにしていく1つの切り口となります。

　同時に，子どもが誕生し出会った瞬間から，保護者は子どもからエネルギーをもらっているのではないでしょうか。子どもが目の前に存在していることが，保護者の存在を励ましながら，「かけがえのないこの子のために生きたい」と自身の存在を意味づけ，励ましてくれるのではないでしょうか。つまり，子育てという営みを通して，子どもとかかわっている家族や周囲の人々は，放電ばかりではなく，そこから充電もさせてもらっているといえるでしょう。「いのちの働き」は，自己の成長や回復といった機能だけではなく，周囲の人々のいのちと響き合って，他者の成長や回復を支える働きをもっています。ここに，人がつながって生きるということ，すなわち，「助けることで助けられている」双方向の人間関係の原点があります。教育，福祉，医療，看護などの分野で働き「対人援助職」と呼ばれる人々の多くは，「助けることで助けられている」ことを理論的・実践的にわかった上で，相手の幸せや回復を願い，ともに生きることを選択した真摯な人々です。

　思春期・青年期は，受け身で誕生したいのちが，人生の主人公として主体的に社会とつながって生きようとするからこそ，「第2の誕生」と呼ばれるのです。先ほど述べた「誰かを助けたい」「誰かのために役に立ちたい」といった気持ちは，具体的には，働くこと（職業選択），愛すること（性と生），社会参

加（仕事以外等）を通して実現に向けた模索が行われます。人生の主人公になるということは，それまでに，家族や周囲の人々が，良かれと思って敷いてくれたレールをいったん相対化し，家族から，隣人，社会，世界へと視野を広げながら，自分のペースでしたいことにこだわって生きていくことでもあるのです。そのためには，同時に，これまでの自分もいったん相対化し，「自分はどんな人間になりたいのか。何のために生きているのか。そのために何をするのか」などと問い直し，自身と向き合う内なる自己をつくっていくこと，つまり自己の解体・再編が課題となります。

（2）子ども，保護者の生きづらさと社会環境，人間関係

　1990年代以降の20年あまりを概観しただけでも，受験競争，非行問題行動，児童虐待，発達障害，学力問題，就職難など，不登校の背後にある家庭，学校，社会といった子どもを取り巻く環境は厳しさを増してきました。子どもの生きづらさは，努力が報われにくい社会という受け皿の狭さと，日常生活のなかで他者とつながりにくい孤立した人間関係にあり，不登校から社会的ひきこもりといった継続的課題を生み出してきました。

　このような状況であるからこそ，子どもたちはむしろゆっくり自分と向き合い，安心して親や友人との関係を結びながら，社会とつながって生きていくことを模索しているのではないでしょうか。これは，多くの子どもの願いですが，とりわけ繊細な不登校の子どもへの支援を考える際にも，社会的な環境調整と思春期・青年期の自己形成という個々の課題の双方を意識した支援が重要になっています。

　私も保護者から，「自分も親から暴力的な抑圧を受けていたために，子どもとどうかかわったらいいのかわからない」といった話を聴くこともあります。「愛されて育てられる」という関係は，子どもだけではなく，親にとっても大切な人間関係です。同時に，こうした対応をしてしまう背景には，若い親を追い詰めていくような社会状況も存在しています。具体的には，「非正規雇用層の増加と経済的不安」「経済的格差と家庭教育の格差拡大」「乳幼児期から煽ら

れる早期教育」「子育てにおける母親の孤立傾向と児童虐待」などの課題があげられます（春日井，2009）。[*7]

櫻谷（2002）[*8]は，育児をめぐる問題が大きくなった背景について，①子育て環境の悪化や孤立化の進行により，子どもが地域で遊べなくなり，子ども同士，親同士の育ち合いの機会が乏しくなっていること，②子育てが，個々の母親の努力に任されるようになり，子育ての格差が広がっていること，③競争社会への適応を強いられる父親の生き方の影響により，夫の助けや支えが得られにくくなっていること，④女性のライフスタイルや意識の変化に伴い，母親の育児に対する考え方が変わりつつあることの4点を指摘しています。

（3）子どもが不登校になった時──「お母さんは，うれしいんよ」の意味

不登校の態様については，年々多様化・複合化してきています。したがって，取り組みの視点も一様ではなく，ゆっくり休ませた方が良いこともあれば，むしろ教師が指導性を発揮して，半歩前進の課題を設定して励ましながら乗り越えさせたり，生活や行動の改善を要求しながら学校が排除しないで，登校を促す方が良いこともあります。自宅にひきこもっているのではなく，積極的なかかわりや援助を保護者，教師，友達などに求めている子どもたちも増えています。たとえば，親の期待に過剰適応してきた従来の「頑張り過ぎの不登校」（息切れ型）に加えて，児童虐待などを伴い学校や児童相談所に早期の危機介入が求められる「支えの乏しい不登校」（意欲喪失型）や，家庭や学校が安心できる居場所ではなく地域に溜まり場を求めながら問題行動を繰り返す「問題行動を伴う不登校」（問題行動型）などは増加傾向にあります。

子どもが不登校になった時に，周囲は「親の育て方が悪い」と家族を責める傾向があります。家族のなかでも，「母親の育て方が甘い」と母親が責められるこ

[*7] 春日井敏之「心育ての保育」大橋喜美子・三宅茂夫（編）『子どもの環境から考える保育内容』北大路書房，2009年
[*8] 櫻谷眞理子「今子育て支援に求められていること」垣内国光・櫻谷眞理子（編）『子育て支援の現在──豊かな子育てコミュニティの形成をめざして』ミネルヴァ書房，2002年

とも少なくありません。その結果，母親は自分を責める。その姿を見て，子どもは自分を責める。周囲の圧力を受けて，保護者は何とか子どもを学校に行かせようと焦る。無理やり引っ張ったり，脅したり，なだめすかしたりといった具合です。学校に行けない子どもは，さらに「親に迷惑をかけて申し訳ない」「自分なんか，いないほうがいいかもしれない」と自分を責め存在を否定することすらあります。このような負の連鎖から，どのように脱却すればいいのでしょうか。

　ある研究会での母親の発言を紹介します。中学校の時に娘が不登校になり，自宅で「お母さん，迷惑かけてごめんなさい」とよくいう時期があったとのことです。この時，「お母さんは，うれしいんよ」と娘に返したというのです。その後，娘は自宅で徐々に元気になっていったといいます。私は，後日その母親に発言の真意を尋ねたところ，「娘が自宅にひきこもって，SOSを親に出してくれていることがうれしかったんです」と話してくれました。私は，わが子も含めて，これまでにかかわったSOSを発しているような子どもたちに対して，「うれしいんよ」とはいえなかったことを思い起こしながら，その母親の深い子どもへの愛を感じました。

　不登校の場合に限らず，思春期・青年期の子どもには，友人関係や家族関係など，親密圏において過剰な気づかいをしている傾向が多く見られます。その背景について学生たちとゼミで議論すると，初めは「人を傷つけたくない」と話していましたが，本当は「自分が傷つきたくない」という気持ちと「人に迷惑をかけたくない」という気持ちが強くあるという意見が出てきました。議論を受けて，私は，次のようなことを強調しました。

　子どもだけではなく，親も教師も発展途上の未熟者であり，そんな人が人とつながって生きたいと願うからこそ，人間関係のトラブルも起こるのです。しかし，傷つけたり傷つけられたりという事象は，私たちが目指すゴールではないのです。大切なことは，その時に和解，謝罪，赦す，距離を取るといった関係修復の方法を学んでいくことにあるのです。また，「人に迷惑をかけたくない」というけれども，いい換えれば「お世話」になるということであり，みなさんは，すでに多くの人々の「お世話」になって成長してきたのです。だから

こそ，今度はできる範囲で人を助けながら，「困った時はお互いさま」という関係をつくっていけば良いのではないでしょうか。

（4）自助グループ「親の会」——親が楽になることと子どもの回復

　不登校になったわが子をもつ保護者の会（以下，「親の会」と表記）は，対人援助の専門家集団ではありません。子どもの不登校を通して出会った保護者の自助グループ（セルフヘルプグループ）です。「親の会」は，近江兄弟社高校単位制課程のように学校内で組織されている場合と，学校外で組織されている場合があります。学校内で組織されているケースは，学校外に比べると少ないでしょう。「親の会」は，その場に一緒にいること，聴くこと，語ること，時には涙で表現したり受け止めてもらったりしながら交流を進めていきます。

　ここには，5つの意味があると考えています。1つには，保護者自身が受け入れてもらい，お互いに安心できる居場所になることです。2つには，様々な子どもの例が出されて視野が広がり，子どもへの理解が深まることです。3つには，他の保護者からのアドバイスを聴きながら，わが子への理解が深まることです。4つには，保護者自身が語ることによって受け入れてもらいながら，実は自分を受け入れ，赦し，認めていく作業をしていることです。5つには，こうした経験は，不登校の子どもを受け入れていく心の隙間を保護者がつくっていくプロセスでもあるということです。

　ここで，ある「親の会」で行われた「親子で振り返る不登校の経験」と題したシンポジウムでの親子の発言の一部を紹介します。私は，コーディネーターとして，3組の親子の報告に参加しました（親子支援ネットワークあんだんて，2009）[*9]。

　①Qさん（青年T君の母親）の場合
【「なんで行けへんの？　何があったん？」と初めは問い詰めた】
　私も夫も普通に学校を出て育った人間ですし，周囲も含めて，「学校に行く

[*9]　親子支援ネットワークあんだんて（編）『あんだんて子育てシンポジウム報告集』2009年

のが当たり前」っていう考えで,「学校行ってない」というと,たちまち「どうするのん？ そんなんでいいのん？」となります。夫もやっぱり初めはわかりませんから,「そんなことしてて大丈夫か？」って何回もいうし,「ほな,私どうしたらいいの？」ってなってしまう。それで子どもには申し訳ないけれど,力がかかってたなぁってすごく思います。

　学校も,「なんで来られないんですか？」って聞くんですよ。それが私もわからないから,学校に行く時間になったら,行く行かへんで押し問答があります。それをさんざんやって,学校に「やっぱり今日は行けません」って電話を入れます。その後,「なんで行けへんの？　何があったん？」と問い詰めたんです。そしたら子どもは小出しにいろいろいうので,それを学校に伝えると「何とかします」っていってくれます。そしたら次の日から行けるかなって思うんですけど,そんな簡単な問題ではないんです。

【「学校に行ってないということ以外は心配ないやん」と思えるように】

　しばらくすると,今度は「親は学校のことを忘れなあかん」って思ったんです。「親は学校のことを考えてはいけない」とか,「行かなくていいところなんだ」とか,頭のなかに,インプットしようと思うんですけれど,それができない。やっぱり学校に行ってほしいなぁって思うし,そんなことを思う自分はダメな親だってずっと思い続けていました。

　そんな時,地元の「親の会」に出会って話をした時に,「みんな一緒やで,みんな学校に行ってほしいって思うけれど,それをいったら子どもがしんどくなるし,今のままでいいよっていってる」「行ってほしいって思いながらも,子どもが少しでも楽になるように受け入れるように努力してるんや」といってもらって,「これでいいんやな」って思ったとたんに,自分の肩の力が抜けました。子どもも学校には行ってへんけど,家にいたら普通の子とぜんぜん変わりない。「学校に行ってないということ以外は,心配ないやん」と思えるようになってきてからは,気軽に映画に行こうと誘ったり,傷つけてしまったかなぁと思ったら子どもからいい返されたり,お互いにいろいろいえる関係になってきて,私自身は楽になってきたと思います。

②Ｒさん（青年Ｓさんの母親）の場合
【泣いても笑っても１日過ぎるんやったら，この子と笑って暮らそう】
　休み始めた当初は，何か本人から聞き出したいんですよね。本人の気に入るようなものをつくっては，それ食べてる間にいろいろ聞き出したり，食べ物でつろうとしていたなとふと思い出しました。
　いくら悩んでも，悩んでも，わけがわからなくて，自分の子育てをやっぱり反省するわけですよね。「あの時，甘すぎたんやろか」「あの時，厳しすぎたんやろか」とか。上がったり下がったり毎日していて，わけがわかんなくなって，結局「いくら考えてもわからないっていうことは，私の子育ては良かったんや」と思うことにしたんです。このあたりに私のノーテンキな性格があらわれてますが。どうせ泣いても笑っても１日過ぎるんやったら，この子と笑って暮らそうと，ある日ふとそう決めたんですね。それから私もふっと楽になって，子どもも元気になっていったなという感じがします。
【競争してたらきりない――一緒に何か感じるとか，そういうことの喜びを】
　やっぱり子育てに一番かかわっている母親っていうのは，ほんとにしんどいんですよね。まず，お母さんが支えられて元気になっていくこと。お母さんが楽になること。そこから，子どもさんって変わっていくなって思います。そこから，お父さんも本当に支えられて，楽になってほしいと思います。
　こうやって，世の中がどんどん世知辛くなっていくにつれて，ほんとに子育てって大変やなって，つくづく思うんです。子どもの世界で競争がまた激しくなってきているような気がします。不登校になるっていうことは，まずそこから１回降りる。それの効用ってものすごく大きいと思うんですね。競争してたら，きりないじゃないですか。そこで，助け合うとか一緒に何か感じるとか，そういうことの喜びを大事にしていこうっていう，そこが掘り起こされていかないと，世の中おしまいやんって，私は思います。不登校の子どもから，そういうことを私はいっぱい学んできたので，不登校は「ともに一緒にやって行きましょう」っていう子どもからのメッセージだと思うのです。

③不登校だった青年から

【Sさん（小6から中3卒業まで不登校。2年間自営業を手伝い，大学入学資格検定（現：高卒認定）取得後大学へ進学。当時大学4回生）】

　あのう，立ち直ったとか，おっしゃいますけど，立ち直ったわけではありません。行かなくなる前も，大学に行くようになった今も，私は私であることは変わりません。立ち直った，とかいわれるととても腹が立つんですけども。じゃあ，不登校だった時の私はなんだったのって。それも私が必要だった時期だと思うので。

　この国というのは，頑張ることを美徳とするんですけれど，いや頑張らなくていいなと思って。頑張ってるっていうのは，自分で自覚してないんですよね，きっと。頑張る時には，自然に頑張るようにできてるんだなって思うので，子どもさんを，学校に行かそうとか，ちゃんと育てようっていうふうに，頑張るのではなくて，一緒に楽しもう，毎日楽しく暮らそうと思うほうがいいと思いました。

【T君（小5から中3卒業まで不登校。通信制高校のサポート校を卒業後，当時同校の大学受験コースで勉強中）】

　不登校して一番良かったことは，マイペースにやれるようになったことです。休み始めたきっかけにもなったことなんですけれど，学校に行ってた頃は，人に合わせようとしすぎて，どんどんしんどくなっていってました。学校を休み始めてから，自分がやりたいことを選んで没頭したり，あるいは，飽きて他のこと探そうとしたり。そういうふうに自分で行動したり，あるいは休んだり，自分のペースを自分で決めることができるようになったことが，一番良かったことだと思います。それさえあれば，結構いろんなことをやっていけるんじゃないかなと思いますので，子どものこと信じてほしいなと思います。

　家庭や学校で求められる不登校への支援とは，繊細な子どもを改造して鈍感な子どもにするようなことではありません。Sさんが述べているように，学校に行けてなかった自分と今の自分は，同じ自分としてつながっている。子ども

が，不登校をした意味を自分のなかで大事にしながら，むしろ自分の繊細さを大事にして，社会とつながって生きていくことを家庭や学校などが支援することではないでしょうか。

第4節　不登校とSSW・SCの取り組み

野田正人

（1）不登校とは，学校に行かないこと

　不登校とは，学校に行かないことを意味します。学校に行かないことの解釈から，学校恐怖症や登校拒否などと表現された時代を経て，20年ほど前から文部省（現文部科学省）も不登校という表現を認めるようになりました。この不登校，漢字が示す意味は「学校に登らない」ということになります。他に登城や式典の登壇も「登る」努力を求められますが，いずれにしても自然体で行くところでなく，何らかの気合いを入れたり，努力をして登らねばならないところであり，それなら疲れるのも無理はないと思ってしまいます。

　ところで，実際には文部科学省のいう不登校の定義は，単に学校に行かない，来ないというだけでなく，その理由として，病気や経済的理由によるものを除くこととされています。その一方で，何らかの心理的，情緒的，身体的，あるいは社会的要因・背景によるともされているため，心理的や身体的要因であっても病気となれば不登校ではないことになり，社会的要因であっても経済的理由となると不登校でなくなるのです。そのため，不登校の数を減らすため，学校を休むなら病院を受診するよう指示されたなどという，本末転倒の指導がなされている例も聞くことがあります。

　不登校対応の真のねらいは，学校を活用した教育機会を保障することにあるので，統計や学校側の都合で左右されるべきものではありません。教育を保障するために最大限の努力を払う過程において，こころの問題に着目した支援方法として心理的支援の充実が求められ，1995年には文部省によりスクールカウンセラー（以下，SCと表記）の活動がはじまりました。しかし，その後不登校

の状況と理解に変化が見られ、特に格差や「子どもの貧困」など、経済の減速と不平等などが背景に見られる学校不適応事例が課題として取り上げられるようになりました。それらはリストラや離婚などからの経済的困窮を伴う場合も少なくなく、学校不適応には、怠学や進路未決定、いじめや暴力行為など、単に学校を欠席するということにとどまらない様々な問題を示すものも増えていて、従来の支援・指導に加え、福祉機関などとの連携を視野に入れる活動が有効であるとの認識が広まりました。そのため文部科学省は2008年からスクールソーシャルワーカー（以下、SSWと表記）の活用も行えるよう予算措置を行うことにしました。このように、不登校や学校不適応への対応は、教師だけでの取り組みから、この20年ほどでSCが入り、SSWも使えるというように変化してきています。

（2）SSWとは

　SSWとは、教育分野でソーシャルワークをする人です。SSWの先進地であるアメリカのSSWの多くは、大学院修了レベルの専門性をもち、ライセンスをもっています。しかし日本の場合、児童福祉司や福祉事務所の公務員をケースワーカー、つまり個別対応するソーシャルワーカーと呼んできました。そのイメージが強いため、ソーシャルワークの専門性というものが伝わりにくいところがあります。

　ソーシャルワークの基本的姿勢として、すべての人の権利を擁護するという視点を重視するとされています。そのうえで支援対象となる困難な課題は、その人個人の病理によるものでなく、その人を取り巻く「環境」との関係のなかで生じていると考えます。ここでいう環境は、家族や親族、友人にはじまり、学校や地域社会や文化なども含みますが、その環境との調整に主眼をおいた活動を行うことを追求しています。対象も心理的に行き詰まっている人の他、病気の人、障害のある人、経済的に苦しい人、いじめられている人、罪を犯した人など多様であり、むしろ対象の限定はあり得ないというのが正しいといえます。活動する学校は、義務教育段階が多いですが、最近では高校やキャンパス

ソーシャルワーカーと呼ばれる大学での活動も増加しています。近江兄弟社高等学校は，高校におけるSSWのパイオニアとされています。

（3）SSWの沿革

SSWは，他のソーシャルワークと同様に，主としてアメリカから輸入された概念です。ちょうどヴォーリズが来日した1905年頃，アメリカは世界から多数の移民が流入し，人種問題や貧困問題が多発していました。そこで，ニューヨーク，ボストン，シカゴなどでは，学校に来ない子どもたちの家庭訪問を行っていた訪問教師と呼ばれる活動があり，その活動が，その後ソーシャルワークの科学化と専門職化の1つの流れとなり，SSWの発展につながったとされています。現在SSW国際ネットワーク（International Network for School Social Work）に加盟している国は43か国で，アジアでは日本の他に，韓国，中国，台湾，香港，ベトナムなどが含まれます。

日本独自のSSWの発祥をどこに求めるかは，現在研究途上にありますが，戦後間もなく高知県では長欠児童生徒対応のため，福祉教員と呼ばれる貧困問題と不登校に対応する教員による家庭訪問活動などが行われており，昭和30年代後半には京都市教育委員会に生徒福祉課がおかれ，福祉に着目した教育活動が行われていました。ほぼ同時期に大阪市西成区のいわゆる釜ヶ崎と呼ばれていた貧困地域に設置された「あいりん小中学校」に学校ケースワーカーが嘱託としておかれています。このように，各地での取り組みが発掘紹介されつつある段階ですが，対外的に職名をケースワーカーと表現したのは，このあいりん小中学校に配置された職員ではないかと思われます。もっともこれらの営みは，制度的にも担い手としても一度中断しており，今日のSSWとは別のものと整理する方が適当だと思われます。

このように，SSWの活動は米日それぞれで，貧困などの社会的要因から学校に来ない，来られない子どもたちと学校とをつなごうとする取り組みから始まっており，しかも教師による支援的取り組みが精選され専門分化したものとも評価できます。

（4）SSWの活動

　SSWの活動状況は，どこが雇っているかという雇用形態や，どこに配置されどの範囲の支援を行うかといった配置形態，事例についてどのような支援姿勢で臨むかといった活動形態などによっていくつかの類型に分けることができます。たとえば，配置に関しては，配置校方式，拠点校方式，派遣方式，巡回方式に分けることができます。

　活動形態については，大きく直接支援型と間接支援型とに区分されます。直接支援型とは，SSWの支援対象となる子どもにSSW自身が面接を行ったり，家庭訪問をしたり，関係機関を訪問して連携を図るなど直接関与するという支援姿勢を基本とするものです。一方の間接支援型とは，支援対象について，教師が前面に出て対応することを基本とし，そのためにどのような支援の方策を用いたら良いのかを検討する場面でSSWが関与するという姿勢で，SSWは黒衣に徹し，前面に出ない活動を心がけることになります。

　実はこのような活動姿勢の違いは，SCにおいても指摘されるようになっており，たとえば不登校傾向を示す生徒に，SCが直接面接する場合と，教師が教育相談を行うけれども，その際の留意点などについて，SCが教師とともに打ち合わせや助言をする場合があります。つまり後者の場合は，SCの業務としては教師へのコンサルテーションということになります。この両者の区分は，SSWでもSCでも，あくまで基本姿勢の違いであり，いずれか一方しか行わないというものではありませんが，それぞれに特徴があり，活動の方向性も異なる場合が少なくありません。

①SSW活動の姿勢

　ソーシャルワークは，支援対象とする問題が個人と環境との関係において生じると考えて，その両者，あるいはその関係に視点をおいて支援を行うことが特徴です。そのため，たとえば朝食を摂ってこない子どもがいた場合には，食事をつくるよう保護者に働きかける場合もあれば，食事を抜く行為はネグレクトという児童虐待に当たるとして，児童相談所や市町村の担当課と連携して，

家庭での食事状況を改善する場合もあります。

②アセスメントに基づいた支援

ソーシャルワークは，社会科学や人間科学などの知識を活用して，単に経験によるのではなく，理論的裏づけを用いて支援を行うことが求められます。そのため，いろいろな理論に基づいた活動が行われていますが，ほぼ共通した支援方策として，アセスメントを行ったうえで活動を行うことが標準化されつつあります。

最近は，特別支援教育や生徒指導などでもアセスメントの必要性が強調されていますが，SSWについても同様で，しかもSSWでいうアセスメントでは，前述の環境，つまり学級や学校の状況，家庭状況，関係機関や法制度なども視野に入れた非常に対象の広いアセスメント（「見立て」と呼ぶ場合もある）を行うことになります。

このアセスメントが正確にできて，その結果に基づくプランニング（実行計画）がきちんと遂行されるなら，それなりの成果は上がるし，もし成果が出ないなら，それはアセスメントが間違っているか，プランニングの立て方や実行体制に問題があるということになります。支援の修正も可能であり，また学校は何ができ，学校としてどこまで責任をもつのかを明らかにすることも可能となります。

③SSWの支援の例

ある中学校に配置されたSSWは，まず教育相談と生徒指導についてアセスメントを活用した指導が行えるよう，研修やケース会議の機会を活用して働きかけました。特に，校内相談体制を組織的に行うことで，担任や学年の抱え込みが減り，全体で検討することで見通しをもった指導が可能になることが理解されました。翌年度には，週に1授業時間を生徒指導・教育相談の会議にあてて，気がかりな生徒の検討を行うようになり，SSWとSCの出勤日を月に一度以上重なるように工夫して，連携がとれるようになりました。

そのような時，SSW も参加した会議で，最近不登校傾向の目立つ１年生の U 男のことが報告されたので，まずはアセスメントに取りかかりました。各教科の授業の様子や友人関係などの学校内情報は，担任がまとめることとしました。家庭状況と小学校時代の様子については，教育相談担当が小学校に問い合わせることにしました。養護教諭も，小学校時代からの健康状態と出欠のデータの整理を行いました。次週にそれらのデータを持ち寄ることになりましたが，その間に U 男が登校した場合には，教育相談担当が，本人の学校生活と家庭生活への思いを受容的に聴くこと，可能なら SC との面接をセットすることなどを決めました。

　次週の会議で，小学校時代から欠席の続く時期があること，それは母の生活や精神状況と影響がありそうなこと，U 男は発達の遅れと偏りが疑われ，一方で家庭での十分な世話がなされていないことなどが明らかになりました。そして，U 男には発達面の課題がある可能性があり，U 男の特性に合わせた対応を検討するため，特別支援教育コーディネーターとの連携を考えることや，U 男が登校した時には別室でまず話を聞き，その上でクラスに入れるという方針を確認しました。母に対しては，虐待の可能性が高いため，市の家庭児童相談担当課に対して虐待の疑いでの通告（児童虐待防止法第６条）を行い，今後の指導方針のすり合わせを行いました。間近に迫った夏休み期間中に問題行動を発生させることを懸念し，市から地元の児童委員や交番などに対して，夏休みの家出や問題行動への対応を依頼することにしました。この連絡についての学校の窓口を生徒指導主事に一本化することにしました。以上のようなアセスメントとプランニングの確定において，SSW はケース会議の司会を行う生徒指導主事を補佐しました。このように，SSW が主人公として支援をするというよりも，黒衣の役割をとり，校内相談がアセスメントに基づいた効果のある指導へとレベルアップするように働きかけることを意識しています。

（５）SSW と SC との連携
　SSW は社会福祉援助の専門性をもったもの，SC は臨床心理などの心理面の

専門性をもったもので，福祉と心理の専門性の違いということになります。しかし，教育現場では，いずれも主として不登校やいじめなど，子どもの不具合に対応するという共通点があるため，SCに加えてSSWを活用するという点の理解がしてもらいにくく，違いを具体的に説明するため，言葉をつくさねばならないことが多くなります。もっともこのわかりにくさは，結局のところ心理と福祉の違いのわかりにくさからくるもので，多くは心理よりも，福祉の専門性のわかりにくさに起因しているように思われます。

　そこで例として，児童相談所を引き合いに出すこともあります。児童相談所には，児童福祉司つまり福祉の専門職と，児童心理司という，かつては心理判定員とも呼ばれていた心理の専門職が配置されており，車の両輪のように仕事を分担しています。そして相互にその専門性を発揮することで，より高次元な支援が可能となるのです。

　SCのよって立つ臨床心理では，行動として表出する人間の心理的課題を解決しようとします。心理とは，本人の脳の働きによるものですから，本人の内面を推し量った働きかけをすることが多くなります。一方の福祉は，社会福祉と呼ぶほうが適切であり，人間を社会のなかの存在としてとらえ，本人の何らかの行動は，その周囲の環境と深くかかわり合っているととらえます。

　実際には，両者が同じ学校で活動するということはまだ珍しく，SSWとSCのいずれか単独で活動する場合が普通で，両者は現実にはそれぞれの専門領域をはみ出したような活動を行っているのです。最近は，同じ事例に両者が関与することで，その専門性に根ざした活動ができたとの報告も増えてきています。

　本来，現実の生活を離れた心理というものはあり得ません。生活が行動に影響する過程で心理の問題も浮上します。それゆえ，教師の指導・支援と合わせて，SSWやSCが連携することで，不登校問題などにより有効な支援が行えることが期待できます。

おわりに

　近江兄弟社高等学校単位制課程は全日制です。生徒の状況や学習スタイルによっては，特定の時間に学習する定時制や学校に行かずに学ぶ工夫がある通信制を求める生徒もいるでしょう。しかし私たちは，長時間，集団で学ぶ全日制の単位制課程を2001年にスタートさせました。

　私たちが，「不登校をともに生きる」ためには，まず不登校生徒の苦しみや深い傷に寄り添い，未来を信じて向き合う努力が求められます。学校での生徒たちの集団や人間関係は，時にはかなり乱暴であったり，理不尽であったり，未熟であったりします。そのなかで，傷ついたり，自分や他者を肯定的に見ることができなくなったりして，なかには不登校になる生徒もいます。私たちが全日制にこだわり，学校行事や生徒会活動，部活動などを重視するのは，そんな生徒たちに「まんざらでない自分」や「まんざらでない他者」と出会ってほしいと切望するからです。まさに「出会いなおし」をしてほしいのです。

　そんな思いで，この13年間，精一杯頑張ってきたつもりですが，まだまだ入学してくれたすべての生徒が「出会いなおし」を体験し，自分らしく社会に巣立ってくれているわけではありません。道半ばというのが正直なところです。これからも私たちは力を合わせて学び，実践する決意です。ここまで読んでいただいたみなさまの今後のご指導を心からお願いする次第です。

　この場をお借りして，長年にわたり熱心にご指導いただき，また本書の企画，執筆，出版についても励まし導いていただいた春日井敏之先生に感謝申し上げます。そして，この間私たちに，教育とは，学校とは何かについて根本から考えさせ，教えてくれた本校単位制課程で学んでくれたすべての生徒，その保護者のみなさま方に，感謝の気持ちを込めて本書を捧げます。

2013年8月

藤澤俊樹

《執筆者紹介》(執筆順)

春日井敏之（かすがい　としゆき）　はじめに　第1章第3節　第6章第3節
　編者紹介参照

藤澤俊樹（ふじさわ　としき）　第1章第1節　おわりに
　近江兄弟社高等学校校長

安藤敦子（あんどう　あつこ）　第1章第2節　第5章第3節
　近江兄弟社高等学校教諭

上村まどか（うえむら　まどか）　第4章第1節
　近江兄弟社高等学校教諭

松島　淳（まつしま　じゅん）　第4章第2節
　近江兄弟社高等学校教諭

柴田　勉（しばた　つとむ）　第4章第3節
　近江兄弟社高等学校教諭

高橋由加理（たかはし　ゆかり）　第4章第4節
　近江兄弟社高等学校教諭

市田純子（いちだ　じゅんこ）　第4章第5節
　近江兄弟社高等学校教諭

野本実希（のもと　みき）　第5章第1節・第4節
　近江兄弟社高等学校スクールソーシャルワーカー

武藤百合（むとう　ゆり）　第5章第2節（1），（4），（5），（6）
　近江兄弟社学園スクールカウンセラー

田中美知代（たなか　みちよ）　第5章第2節（2），（3）
　近江兄弟社学園スクールカウンセラー

高垣忠一郎（たかがき　ちゅういちろう）　第6章第1節
　立命館大学応用人間科学研究科教授

楠　凡之（くすのき　ひろゆき）　第6章第2節
　北九州市立大学文学部教授

野田正人（のだ　まさと）　第6章第4節
　立命館大学産業社会学部・応用人間科学研究科教授

《執筆協力者》(五十音順)

東　昌吾	雨森　以純	今宿　結	宇田　明莉	梅本　蕗
大谷　晃介	北川　卓実	田中　貴文	谷口　雄弥	中西　優介
中村　歩	中村美由紀	中村　由季	南部詩央里	西村　仁志
深井和歌子	八谷　勇斗			

《編者紹介》

春日井敏之（かすがい　としゆき）
　立命館大学文学部・応用人間科学研究科教授。専門は臨床教育学，教育相談論。
主著　『希望としての教育――親・子ども・教師の出会い直し』三学出版，2002年
　　　『思春期のゆらぎと不登校支援――子ども・親・教師のつながり方』ミネルヴァ書房，2008年
　　　『よくわかる教育相談』（編）ミネルヴァ書房，2011年
　　　『やってみよう！ピア・サポート』（編著）ほんの森出版，2011年　など。

近江兄弟社高等学校単位制課程
　「自分のペースで豊かな学びを」を合言葉に，2001年に開設された1学年2クラス，全日制普通科の単位制課程。学年の枠にこだわらず必要な単位が修得でき，多様な出会いと学びを通して人間的成長を目指す。学年制と併設され，学校行事なども合同で実施される。
所在地：〒523-0851　滋賀県近江八幡市市井町177　Tel：0748-32-3444，Fax：0748-32-3994

　　　　　　出会いなおしの教育
　　　　　　――不登校をともに生きる――

2013年9月10日　初版第1刷発行　　　　　　　　　　〈検印省略〉

定価はカバーに
表示しています

編　者　　春日井　敏之
　　　　近江兄弟社高等学校
　　　　単位制課程

発行者　　杉　田　啓　三
印刷者　　田　中　雅　博

発行所　株式会社　ミネルヴァ書房
607-8494　京都市山科区日ノ岡堤谷町1
電話代表　(075) 581-5191
振替口座　01020-0-8076

© 春日井敏之ほか，2013　　　創栄図書印刷・清水製本

ISBN978-4-623-06732-9
Printed in Japan

思春期のゆらぎと不登校支援
――子ども・親・教師のつながり方
春日井敏之／著

A 5 判／290頁
本体　2800円

心をみつめる養護教諭たち
――学校臨床15の扉
カウンセリング研究会／著　藤原勝紀／監修
田中さえ子・田中健夫／編著

A 5 判／244頁
本体　2200円

不登校・ひきこもりと居場所
忠井俊明・本間友巳／編著

A 5 判／272頁
本体　2400円

子どもの発達障害・適応障害とメンタルヘルス
安藤美華代・加戸陽子・眞田敏／編著

A 5 判／282頁
本体　2800円

「ひきこもり」への社会学的アプローチ
――メディア・当事者・支援活動
荻野達史・川北稔・工藤宏司・高山龍太郎／編著

A 5 判／306頁
本体　3000円

やわらかアカデミズム・〈わかる〉シリーズ
よくわかる教育相談
春日井敏之・伊藤美奈子／編

B 5 判／210頁
本体　2400円

やわらかアカデミズム・〈わかる〉シリーズ
よくわかる学校心理学
水野治久・石隈利紀・田村節子・田村修一・飯田順子／編著

B 5 判／196頁
本体　2400円

やわらかアカデミズム・〈わかる〉シリーズ
よくわかるスクールソーシャルワーク
山野則子・野田正人・半羽利美佳／編著

B 5 判／210頁
本体　2500円

―― ミネルヴァ書房 ――

http://www.minervashobo.co.jp/